또 다른 봄을 기다리며

진영식 산문집

Edia

추천의 글

자연에 대한 경건과
인간에 대한 연민
-진영식 목사의 「또 다른 봄을 기다리며」에서-

　사람은 한 생애를 살면서 창작문집 한두 권은 펴낼 여유를 가져야 한다. 그것이 자기 자신에게는 삶을 정리하는 것이 되고, 가족과 친구들과 지인들에게는 삶의 의미와 흔적이 되기 때문이다.

　진영식 목사는 침례신학대학교 신학대학원 1기생으로 입학해서 석사학위(M. Div.)와 목회학 박사 학위(D. Min.)를 취득했다. 진 목사는 졸업 후 바로 울산으로 가서 〈소리교회〉를 개척하고 스튜디오식 예배당을 지어서, 지역사회에 연극 영화, 공연과 특수 목적의 집회를 가질 수 있는 열린 공간을 제공하며 40여 년 목회하고 있다.

　진영식 목사는 편안한 삶을 거부하고, "내 십자가를 지고 나를 따르라"는 주님의 말씀에 순종하여 사람에 대한 연민과 사명감을 되새기며 젊은이들과 소외 계층을 위해 보통사람들 가운데 묻혀 사는 고독한 길을 선택했다.

　저자는 분주한 목회 생활 중에도 문학전문지 『미래시학』을 통해서 수필가로 등단하고, 울산기독교 문인협회 회장 및 〈관설당 서예〉 초대 작가로 활동하는 등 문예 중흥에도 이바지하는 삶을 살았다.

저자가 필자에게 보낸 몇 편의 산문은 간결하고 아름다워서 마치 시를 읽는 것 같았다. 기원 7세기 중국 성당(盛唐) 시절의 시인 왕유(王維)의 시를 읽는 이들이, "왕유의 시에는 그림이 있고 그림에는 시가 있다"고 한 것처럼 진영식 목사의 산문은 줄을 바꾸기만 하면 모두 시가 될 수 있는 간명한 글이다.

진 작가의 첫 번째 산문 '그대의 봄날'의 마지막 두 줄을 여기 옮겨 적는다. "한 평 뜰이 있다면 노란 수선화를 피워올리고 싶다. 빨간 튤립을 피워내고 싶다. 마음의 밭에도 꽃나무를 심는다. 나는 그대의 봄날이 되고 싶다." 얼마나 정감어린 글인가!

다른 산문, '동무' '다향' '마음의 언덕' 등 그의 글은 조화롭고 아름다워서 읽는 이에게 꽃향기와 같은 여운을 남긴다. 그의 글에는 자연에 대한 경건과 인간에 대한 연민이 은은하게 베어 있어서 읽는 이의 마음을 따뜻하게 해준다. 이 책을 펴드는 모든 독자의 마음에 '또 다른' 봄날을 가져다주기 바라며 붓을 놓는다.

星山 도한호
* 시인
* 침례신학대학교 총장 역임
* 국제펜 한국본부 이사
* 미래세종일보 주필

● ● ● ● ●
추천의 글

'또 다른 봄을 기다리며'에 부쳐

그가 고대하는 '또 다른 봄'은 어떤 의미를 내포하고 있는 걸까?

산문집을 내는 수필가 진영식은 40여년간 치열하면서도 유유자적한 삶을 살았다.

2000년대 초반에 우리는 목회 현장에서 만났고, 격변의 시대를 관통하면서 희노애락을 함께 나눴다.

그는 '광야에서 외치는 자'를 자처했고, 그가 도모한 '소리교회'는 에스겔 골짜기의 마른 뼈를 일으키는 생기가 넘쳤다.

대외적으로 울산성시화운동을 주도했고 대표회장을 역임하면서 극동방송 진행자로, 신문 지상의 오피니언으로, 자기역량을 아끼지 않았다.

그는 사역에 전력투구 하면서도 그것에 매몰되지 않는 여유를 보여주었다. 틈틈이 차(茶)를 음미하며 글을 쓰고 여행을 즐겼다. 이른바 '선비목회'의 면모을 보여준 것이다.

산문집 2부, 다향(茶香)에서 "그럴수록 한 발치 물러서서 차 한 잔의 여유"를 잃지 말자고 한다. "그래야 살맛나는 세상을 이끌어 갈 수 있고 기댈 언덕이 될 수 있을 것 아닌가" 하고 반문한다.

문학전문지를 통해 수필가로 등단한 후 그의 산문은 간결하면서도 깊은 싯적 울림을 탑재하였다.

'그대의 봄날'에 이런 문장을 흘려놓고 있다. "찬바람에도… 연두빛 잎이 나온다. 나뭇가지에 물이 오른다. 산벚꽃이 핀다. 자신의 마음밭에 꽃나무를 심어놓고 나는 그대의 봄날이 되고 싶다"며 너스레를 떤다.

이제 그는, "…어디든지 발길 닿는대로 가보고 싶다"고 한다 (5부. 여행)

전환점을 넘어가는 삶의 분수령(分水嶺)에 산도화 꽃그늘이 지고, '마음의 언덕길'에는 봄꿩이 수자리를 튼다. 산그늘 지는 골짜기에 어린 사슴 우는 소리 들려올 때 진영식은 그것들과 더불어 교감하는… '은발(銀髮)의 목자(牧者)'이고 싶어한다. "…기쁨과 즐거움, 소망과 행복을 나눌 사람을 찾아야 한다"는 귀절에서 향후에 나아갈 길에 대한 새로운 다짐을 읽는다.

그는 자신앞에 도래 할 '또 다른 봄'을 우러러보고 있다. 맞이할 새 봄, 그가 경작할 뜨락에 "노란 수선화 피어나고, 튜울립 빨간꽃"이 만개하는 것을 함께 보고 싶다. 꽃들이 피고 진 자리마다 또렷한 씨앗이 영글어 가기를 빈다.

그리하여 진영식의 산문집을 읽는 독자들이 나름의 또 다른 봄을 꿈꾸게 되기를 기원한다.

이창희 / 시인

*1985년. 월간문학, 부산문화방송 문예상 공모 당선
*시집 〈다시 별 그리기〉 〈고맙다〉 외 2권
*일월문화포럼 회장. 신기료의 집 대표
*울산우리들교회 원로목사

차례

제1부 난향, 그리고 그리움

그대의 봄날·10 | 난향, 그리고 그리움·11 | 올챙이·12 | 가을 합창·14 | 하얀 민들레·16 | 억새 유감·18 | 무논의 오케스트라·19 | 금낭화·20 | 장미가시·22 | 하얀 민들레·24 | 봄맞이·26 | 자리매김·27 | 시샘에는 향기가 난다·28 | 고향의 여름처럼·30 | 냉과리·31 | 감나무·32 | 다음·33 | 분재·34 | 청보리밭·36 | 등산화·38 | 가을 전설·40 | 소나무의 비밀·41 | 병아리·42 | 귀뚜라미·44 | 버들강아지·46 | 부활꽃·48 | 가을에·49 | 여름비와 그리움·50 | 슬픈 꽃·51 | 고맙다·52

제2부 삶의 무게

동무·54 | 생수 한 그릇·55 | 난전·56 | 태양은 다시 떠오르는 것·58 | 착한 사람·59 | 짠한 마음·60 | 시린 손·62 | 사이·63 | 삼겹줄·64 | 무서웠던 기억·66 | 삶과 믿음 사이·68 | 부활의 소리·69 | 살리는 말·70 | 마음의 열매·72 | 대성통곡·74 | 가는 귀·75 | 기지개·76 | 진실의 눈물·77 | 달력·78 | 이제 떠나야 할 시간이·80 | 삶의 무게·81 | 돌사탕·82 | 손길·83 | 피농사·84 | 월동준비·85 | 젖은 손수건·86

제3부 찻잔 속으로

다향·88 | 묵은 땅·89 | 찻사발·90 | 또 다른 봄을 기다리며·92 | 봄의 전령·94 | 개미와 베짱이·96 | 찻잔 속으로·97 | 입춘대길·98 | 농부의 마음·100 | 소확행·102 | 농사꾼·104 | 어떤 사람·106 | 모내기·108 | 겨울 채비·110 | 미리 켜는 기지개·112 | 절반의 성공과 또 다른 찻잔·114 | 다정(茶情)·116 | 꼭짓점·118 | 차 한 잔·120 | 자연을 따라·121 | 고려청자·122 | 나비효과·124 | 그 뜻?·126 | 베짱이·127 | 결실의 이유·128

제4부 밥 짓는 마음

행복을 주는 사람·130 | 편돌이·131 | 가마솥에 밥 한 그릇·132 | 가족·134 | 행복한 아픔·135 | 호랑이 할매·136 | 도둑 이야기·138 | 빨강머리·140 | 본능의 색깔·142 | 가출·144 | 어머니·145 | 애비·146 | 지게꾼·148 | 연탄길·150 | 옥양목 수건·151 | 언제 철들라나·152 | 아기가 아기를 낳다·153 | 아버지의 사랑과 은혜·154 | 밥 짓는 마음·156 | 몽당연필·158 | 송화와 장독·160 | 맞춤식 목사·161 | 자기다움·162

제5부 홀로 아리랑

여행·164 | 아름다운 동행·166 | 비아돌로로사·168 | 파래소·170 | 그래도(島)·171 | 성지순례·172 | 가을 산행·174 | 그림 그리기·175 | 이중섭 백년전과 가족사랑·176 | 멍때리기·177 | 초원·178 | 몽골의 낮과 밤·180 | 그곳에 가면·182 | 홀로 아리랑·184 | 여름 사냥·185 | 기차여행·186 | 차창에 비친 또 다른 나처럼·188 | 우선순위·190 | 참으로 나쁜 사람·192 | 마지막 탑승객·194 | 가을 속살, 그 따스함·196 | 영글기까지·197 | 우거진 수풀처럼·198 | 방앗간 풍경·199 | 봄마중·200 | 하나님의 필요·202

제6부 보물 쌓기

마음의 언덕·204 | 행복한 자리·206 | 사회적 거리·208 | 있을 자리·210 | 은혜·212 | 속이 훤한 사람·213 | 추수를 기다리는 시간·214 | 사람은 무엇으로·215 | 위로부터 오는 지혜·216 | 선택과 집중·217 | 자투리·218 | 에너지·219 | 불법주차·220 | 비우기·222 | 사랑과 섬김의 눈·223 | 만남과 이별·224 | 디딤대·225 | 마음의 모닥불·226 | 행복할 수 있는 자리·227 | 황야의 늑대·228 | 양지와 음지·230 | 새벽 파장·231 | 보물 쌓기·232 | 기댈 언덕·234 | 하나님의 아이디어·236 | 묘약·237

제1부

난향, 그리고 그리움

그대의 봄날	감나무
난향, 그리고 그리움	다움
올챙이	분재
가을 합창	청보리밭
하얀 민들레	등산화
억새 유감	가을 전설
무논의 오케스트라	소나무의 비밀
금낭화	병아리
장미가시	귀뚜라미
하얀 민들레	버들강아지
봄맞이	부활꽃
자리매김	가을에
시샘에는 향기가 난다	여름비와 그리움
고향의 여름처럼	슬픈 꽃
냉과리	고맙다

그대의 봄날

먼 산에 눈이 내렸다. 설화가 만발했다는 소식이다. 눈바람이 부는 봄이다. 개구리들이 알을 슬어야 할 무논이 녹지 않았다. 아직 얼어 있는 개울을 본다.

그러나 봄은 피어나고 있다. 잠시 저만치서 머뭇거리는 봄의 걸음들. 메마른 가지에 꽃망울을 터뜨리러 부지런히 오고 있다. 멀리 능선을 바라본다. 날마다 물들어가는 모습이 대견하다. 피어야 할 때 피지 않으면 뒤처지는 것을 아는가 보다.

지난겨울 많이 내린 눈 때문에 농부들이 냉해를 입었다고 한다. 대륙에서 불어오는 기상의 영향이 크다고 한다. 모내기를 해야 할 때인데 겨우 모판을 내기 시작했다.

먼 대륙에서 불어오는 차가운 바람에도 만물들은 깨어나고 있다. 연둣빛 잎이 나온다. 나뭇가지에 물이 오른다. 산벚꽃이 핀다. 화분 두어 개 창가에 놓는다. 봄꽃을 마주하면 시들은 마음에 생기가 날 것이다. 가을 열매를 기다리는 그대의 봄날은 신비롭다. 생명의 신비들이 움트는 그대의 봄날을 찬미한다.

한 평 뜰이 있다면 노란 수선화를 피워올리고 싶다. 빨간 튤립을 피워내고 싶다. 마음의 밭에도 꽃나무를 심는다. 나는 그대의 봄날이 되고 싶다.

난향, 그리고 그리움

서재에 난(蘭) 화분을 두었다. 상태가 별로 좋지 않아서 걱정했는데 한 주간 사이에 꽃을 피웠다. 주인을 기다린 탓인지 훌쩍 뒤꿈치를 치켜들고 있는 모습이다.

난은 다소곳이 꽃잎을 열기 시작했다. 첫날밤, 옷고름 풀어내는 새색시같이 부끄러움이 배였다. 처녀의 성을 바쳤는지 꽃잎 아래 눈물방울이 매달려 있다. 주인을 향한 순결한 사랑을 바친 난의 자태가 고결하다. 나는 가슴이 설렌다.

살며시 문을 열고 그리움의 향을 토해낸다. 이 순간 행복에 겨워 차 한 잔 달여 내린다. 난향과 다향이 어우러진다. 다산 정약용 선생께서는 벗들과 만남의 빌미를 찾았다고 한다. 춘설이 내릴 때, 뜨락에 매화가 꽃망울을 낼 때, 그리고 난초가 필 때를 기다렸다고 했다.

난향과 다향이 속살을 파고드는 벗이 되었으니 이 또한 기쁘다. 창틈으로 바람이 스몄다. 어디쯤 있을 벗이 그리워 또 한 잔 차를 내린다.

그리움 뒤에 밀려오는 슬픔은 향기였다. 그것은 눈물이 아니라 송이꿀 그리움이다.

올챙이

 겨울 가뭄이 심하긴 심했나 보다. 지난번 비에 동막골에 소리 내어 흐르던 골짜기가 여전히 숨죽이며 흐르고 있다. 흙탕물에 씻겨 떠내려 가버린 올챙이들이 무사할까. 차에서 내리자마자 골짜기로 들어서는데 몇 되지 않는 올챙이들이 꼬물거린다.
 이른 봄 개구리들이 얼음 사이에 알을 슬었다. 보글보글 뭉클한 알에서 올챙이들이 나오기 시작한다. 물웅덩이마다 가뭄을 견뎌온 올챙이들이 꼬물거리며 삶의 투쟁을 해왔는데 지난 비에 또 어디론가 떠내려갔나 보다.
 알에서 올챙이, 올챙이에서 개구리로 몸을 갈아입는 동안 모진 환경을 견뎌내야 한다. 다시 알을 낳기까지의 개구리로 살아남기란 예삿일이 아니다.
 어디선가 비명소리에 수풀 사이를 더듬어 본다. 까치독사 한 마리가 개구리를 삼키고 있었다. 서로 생존의 본능으로 몸부림치는 아수라장이다. 이렇게 자연은 자연으로 흘러간다. 먹이사슬의 질서는 언제나 북새통이다.

새울 나경숙 〈은혜〉

가을 합창

가을이다. 벼가 익어가고 단풍이 물든다. 농부들의 손길이 바빠진다. 풀섶에 벌레들이 분주하다. 구름이 낮게 떠 있다. 억새풀이 흰 머리칼을 휘날린다. 돌 틈 사이로 구절초가 연보랏빛 꽃을 올린다. 가을엔 코스모스가 제격이다. 가녀린 허리를 흔들어 분홍, 빨강, 하양 꽃무리를 이루었다.

나는 코스모스 꽃길을 좋아한다. 지난여름 쉼터에 몇 포기 심었다. 이른 아침 햇살에 비친 코스모스가 반갑다.

저녁 달빛에 속내를 숨긴 꽃잎들의 밀어를 듣는다. 꽃들의 언어는 사랑스럽다. 가을에 꽃씨를 받아서 소나무 사이사이에 뿌려야겠다.

아내를 처음 만났을 때 시외로 나갔다. 버스를 타고 헌인릉으로 가는 길이었다. 신작로를 따라 코스모스 꽃길이 열려 있었다. 꽃보다 더 어여쁜 그녀에게 반해 버렸다.

첫 아이가 태어나서 코스모스 꽃길을 걸었다. 겨우 말문이 열린 아이가 물었다. "이게 뭐야?" 코스모스를 따라 걷던 그때가 노랫말처럼 울려온다.

창조주가 뿌려준 들꽃은 얼마나 이쁜지 모른다. 높은 담장 너머 잘 가꾼 꽃들보다 더 아름답다. 가을은 내 것이 아니지만 내가 사랑하면 내 것이 된다. 너에게도 사랑의 꽃들이 피어나면 좋겠다. 올가을에는 합창이 들녘에 울려 퍼지길 기대한다.

하얀 민들레

 길가에 민들레가 한창이다. 나는 이유 없이 민들레를 좋아한다. 이유를 붙인다면 순수하지 못한 동기가 될 수도 있다. 민들레는 교만하지 않다. 아무리 키를 키우고 꽃대를 올려도 금세 수풀 속에 가려지고 만다.
 민들레는 뿌리가 조금 남아있어도 싹을 낸다. 생명력이 강하다. 홀씨를 바람에 날려서 새로운 자리를 틀게 한다. 작은 홀씨가 틈새에 숨어들어 노란 꽃을 피우는 것이 대견했다.
 경주 다녀오는 길에 작년에 보아둔 하얀 민들레 영토를 찾아갔다. 보기에는 초라해 보여도 순결을 지키려는 신앙처럼 좋다. 잡초들 사이에 자신의 빛깔로 계절을 건너가는 하얀 민들레를 한동안 바라보았다.
 작년에 몇 포기 가져와 심었는데 꽃대를 내지 않았다. 나는 다시 서너 포기 훔쳐 와 교회 화단에 심었다. 하얀 민들레는 들녘이 더 살기 좋을 텐데 가까이 두고 싶은 욕심에 일을 저질렀다.
 그런데 작년에 심었던 하얀 민들레가 함께 꽃대를 내밀었다. 동무를 데려와서 힘이 났을까? 고향 소식을 전해 듣고 기분이 좋았나 보다.
 당신의 영토에 뿌리내리는 하얀 민들레이고 싶다. 당신 곁에

당신의 영토에 뿌리내리는 하얀 민들레이고 싶다. 당신 곁에서 피어날 수 있다면 최고의 행복이다. 당신의 바람으로 나를 옮길 때 수많은 민들레의 세상을 꿈꾼다.

억새 유감

억새풀이 바람을 타고 달려온다. 나를 불러 세운다. 걸음을 멈추고 달리는 한 장의 사진을 남기고 싶은 마음이 생긴다. 그런 추억을 만들기 위해 억새평원을 찾기도 한다.

영화의 한 장면처럼 주인공이 된다. 슬픔에 잠기기도 한다. 아련한 추억을 더듬으면서 꿈이 깨지 않기를 바라기도 한다.

가을 억새풀 사이에서 찍은 사진들이 있을 것이다. 앨범을 꺼내어보는 것도 가을을 멋스럽게 보내는 수단일 것이다.

억새는 가을 달빛에 비칠 때가 가장 아름답다. 보름달이 떠오르는 억새평원에 가면 금방 주인공이 된다. 펼쳐진 억새를 바라보면 평화를 느낀다. 안식이 억새의 물결처럼 밀려온다.

억새평원에 햇살이 비춰면 찬란히 반짝인다. 가을 아침 햇살에 더욱 아름답다. 숱한 희망의 밀어로 다가온다. 그런데 그 억새도 햇빛을 등지고 보면 칙칙한 들풀일 뿐이다. 아무런 안식도 희망도 되지 못한다. 오히려 기대에 대한 실망과 슬픔이 밀려온다.

지금 어디서 무엇을 바라보는가가 중요하다. 그 대상이 안식과 희망일 수 있고 분노와 슬픔이 될 수도 있다. 지금 당신이 바라보고 있는 것은 무엇인가. 바라보는 방향을 조금만 움직여 보라. 거기에 여전히 희망과 평화가 있다.

무논의 오케스트라

모내기가 벌써 끝난 들판을 본다. 해거름부터 개구리 합창이 요란하다. 논길을 지날 때면 차창을 연다. 세상 그 어떤 오케스트라보다 더 진한 화음으로 다가온다. 오늘처럼 달이 밝으면 노래가 빛깔로 스며든다. 때로는 숨표와 쉼표를 섞어가면서 악보도 없이 노래하고 있다. 무논에서 매일 밤 축제를 열고 있다.

혼자서 노래하면 이토록 우렁찬 오케스트라가 될 수 없다. 저들도 지휘자가 있을까? 자기만의 목소리가 아닌 어우러진 소리이기에 사람의 심금을 울리는 것이다.

시간이 지나 폭염주의보가 내린다. 한여름 무더위가 짜증이 나지만 땡볕이 내려야 곡식이 잘 여물고 과일도 단맛이 든다.

한 땀 한 땀 수놓듯 모내기를 한다. 어린 모들이 무더위를 견뎌낼 수 있을까? 괜스레 걱정을 한다.

삶의 고통이 계속되고 생활의 염려가 커지는 때이다. 예수님을 기다리는 마음으로 무논의 개구리처럼 기도하고 노래하리라. 너와 나 우리들의 노래가 어우러진 오케스트라로 인하여 기뻐하시는 그분을 생각하며 논길을 걷는다.

금낭화

지난겨울은 몹시도 추웠다. 기온이 영하로 떨어지고 얼음이 녹지 않아서 추운 것이 아니라 마음이 너무 추웠다. 마음을 데우려고 내복을 입어도 여전히 추웠다. 평소에는 내복을 입지 않는데 겹바지까지 입었다.

누군가 지난겨울은 어떠했는지 묻는다. 영화 20도 날씨에 발가벗은 몸으로 거리에 서 있는 기분이었다고 말해 주었다. 그냥 나오는 대로 말했지만 내 속사람 속에 감춰진 것을 보인 것 같아 부끄러웠다.

그래도 봄은 왔다. 마른 가지에 싹이 돋는다. 얼어붙었던 땅이 깨어나기 시작한다. 꽃들이 피어오르고 봄꽃 축제 소식이 가득하다. 어디론가 봄소식을 찾아 달려가고 싶다.

지난여름 금낭화 한 포기를 얻어 화분에 심었다. 교회 뜰에 햇볕이 드는 곳에 놓아두었는데 잠깐 사이에 화분 채로 가져가 버렸다. 도둑맞은 화분 때문에 속이 상했다. 꽃 도둑은 도둑이 아니란 말이 있지만 내게는 어마어마한 도둑이었다. 정성 다해 이쁘게 키워보려던 참이었다.

다시 금낭화 한 포기를 얻어 교회 화단에 심었다. 적응을 못 하고 금방 말라 죽었다. 나는 너무 슬펐다.

금낭화 가득한 뜰을 가진 집사님께 물어보았다. 지금 말라죽은 것 같아도 내년에 올라온다고 조언을 했다. 서운해도 다시 금낭화꽃을 볼 수 있다는 기대감에 마음이 놓였다. 부활의 꽃이 벌써 네 마음에 피고 있었다.

장미가시

 장미만 보지 말고 가시도 보아라. 가시투성이 장미에 코를 갖다 대는 것은 아름다운 향기 때문이겠다. 그런 무단침범자가 코를 대다 보면 손이 따라와서 장미는 곧 꺾이고 말겠지. 가시는 꽃을 지키기 위한 방어수단이라는 것쯤 누구나 안다. 가시 없는 장미는 장미가 아니다.
 지금 내 안에 돋아난 가시가 꽃을 위한 것인지 타인을 공격하기 위한 것인지 사랑과 희망인지 다툼이나 절망인지 볼 수 있어야 하겠다. 내게 돋은 숱한 가시들이 정죄당할지 면죄부가 될지 살펴봄이 어떨까. 장미만 보지 말고 장미가시를 같이 봄이 어떨런가.

〈상제시광〉
하나님은 빛이시다(요한일서 1:5)
노르웨이 노벨재단 전시작

하얀 민들레

산내에 나만의 동굴이 있다. 이태나 찾아보지 않은 탓인지 비닐하우스 지붕이 찢어지고 빛바랜 텐트 속으로 넝쿨풀이 점령해 있다. 봄비 내리던 오후에 불현듯 생각나서 찾아갔더니 은밀한 향수가 그대로 남아있다.

하얀 민들레가 있었다. 3년 전에 한 뿌리를 옮겨 심은 것이다. 햇볕 잘 드는 언덕에 심었는데 생명을 잘 영위하고 있었다. 지난해 어느 봄날이었다. 몇몇 지인이 들른다기에 긴장이 앞섰다. 몸보신하기 좋아하는 사람이 이놈을 뜯어 가면 어쩌나 해서 반쪽이 된 초벌 달항아리로 숨겨두기까지 했다. 그것도 불안하여 담벼락 밑에 다소곳이 숨겨두었다.

봄이 되어 민들레 싹들이 돋아났다. 하얀 민들레가 잔디밭 가장자리로 수놓을 날을 기다렸다. 어느샌가 탐스럽게 자라난 하얀 민들레. 꽃대도 서너 개씩이나 밀어 올렸다.

그런데, 내 귀여운 민들레가 침략당했다. 잎을 몽땅 서리 당했다. 천만다행인 것은 부러진 한 개의 꽃대와 키를 자랑하는 두 개의 꽃대가 남아있다. 며칠만 지나면 이놈들도 생명을 잉태할 것이다.

애석한 밤이 지나고 다시 찾은 그 자리에는 그마저도 강도를 만나 사라지고 없었다. 이른 아침 누군가 싹쓸이해간 모양이다.
    내 욕심이 지나쳤나. 도둑 씨의 욕심이 지나쳤나 헷갈리기 시작한다.

봄맞이

봄맞이로 바쁘다. 쇼핑센터에서는 바겐세일을 한다. 결혼을 앞두고 결혼 채비에 서두르기도 한다. 곤충들은 짝짓기에 여념이 없다. 희망이다. 새로운 환경에 들뜬다. 잠잠하던 것들이 희한하게도 살아난다. 앙상한 가지 끝이 회색빛에서 흑갈색으로 그리고 보랏빛이 감도는가 싶었더니 연초록으로 변한다.

온 세상이 함께 깨어나고 함께 일어난다. 그런데도 아직 깨어나지 못하면 가지치기에서 잘려 나간다. 말라버리거나 꺾여 버린다. 스치는 바람이 그냥 두질 않는다. 생명 같은 이른 비도 그 잠에서 깨어나지 못한 가지들을 버리고 간다.

봄이 되면 일어나자. 힘을 내어 보라. 꿈틀거리기라도 해보지 않으련.

자리매김

여름이 아무리 뜨겁고 태풍에 장대비가 쏟아져도 곡식들은 자라고 나무들은 숲을 이룬다. 생물은 꿈틀거리고 열매를 위해 꽃은 피고 씨앗을 위해 뿌리는 깊어간다. 미물들도 번식을 위해 자신을 버리기까지 한다. 이 모두가 풍성한 가을, 따스하고 배부른 겨울을 위해서다. 준비한 만큼 풍성한 은혜를 누릴 수 있기 때문이다. 30배, 60배, 100배로 누릴 생각을 하면 지쳐있던 자리에서 벌떡 일어설 수 있다. 이왕이면 100배가 좋겠다.

얼마 남지 않은 여름을 어떻게 지낼 것인가. 비바람에 넘어진 벼를 일으켜 세우는 심정이면 되겠다. 가을 햇살을 바라기만 하면 되겠다. 흩어져 있던 곳에서 자기 자리매김할 수 있으면 되겠다. 모두 자기 자리에 있을 때 가능한 일이다.

시샘에는 향기가 난다

옥탑방에 다롱이(시베리안 라이카)와 뭉이(골든 리트리버)가 나란히 살고 있다. 다롱이는 시베리아 황량한 들판에서 맘껏 달리면서 사냥을 일삼던 녀석이다. 몇 년 옥탑방에서 지내는 동안 길들여져 순한 양처럼 되었다. 그러나 때로 야성이 나타날 때면 무리 위에 군림하는 독재자가 되어 어린 새끼들을 해치기도 한다. 영 딴판인 뭉이는 얼 띤 양 같다. 언제나 내 주변을 맴돌면서 주인이 불러주기만을 기다린다. 말을 잘 알아듣고 순종하는 것을 즐기고 있는 듯하다. 젖은 눈이 더욱 어질게 느껴진다. 숱한 정을 쏘아온다.

두 녀석이 한 울타리에서 살 수 있을 만큼 뭉이가 어른이 되었다. 아무리 사냥 실력이 뛰어난 다롱이라도 그 덩치를 맘대로 굴릴 수 없나 보다. 싸움이 되지 않는 것 중 또 하나는 뭉이가 알아서 기어버리기 때문이다.

아침저녁 나절 두 차례 정도는 두 녀석을 늘 만난다. 그런데도 두 녀석이 정을 내면서 달려드는 것을 보면 사람과 짐승과도 관계 맺기가 있다는 것을 알 수 있다. 한 녀석을 이뻐해 주면 다른 한 녀석이 가만히 있질 않는다. 주인의 사랑을 받기 위해 두 녀석은 경쟁한다.

녀석들을 쓰다듬어주고 어루만져주고 안아주면 눈가가 촉촉이 배어든다. 말은 하지 않지만, 서로의 마음이 통하는 것 같다. 이성은 아니라 할지라도 본능으로 사랑을 느끼고 있는 것 같다.

 두 녀석의 시샘은 감당할 수 없을 지경이다. 이제는 덩치도 만만치 않은 녀석들이 되어서 한 손으로 다루기에는 버겁다. 다행히 말귀를 알아들을 수 있고 주인의 마음도 읽어내는 두 녀석은 내 조그만 표현에도 깊이 반응한다.

 털이 긴 뭉이를 빗질해주는데 다롱이가 달려들어 몸을 부빈다. 녀석들이 함께 벌러덩 뒹군다. 다롱이를 쓰다듬어주면 뭉이가 달려들어 파고든다. 둘 때문에 나까지 함께 어울리게 되는 꼴이다.

 먹이를 주는 것보다 정을 주는 주인을 더 가까이하는 짐승. 내 몸에서 짐승 냄새가 나도 그리 역겹지 않다. 다롱이와 뭉이는 내 정을 받고 싶어 몸짓으로 달려들기 때문이다. 이들의 시샘에 향기가 난다. 이들도 나의 향기를 분명 알 것이다.

고향의 여름처럼

여름에 떠오르는 고향 풍경은 느티나무 정자이다. 돗자리 하나만 깔면 동네 어른도 아이도 엉덩이 들이밀고 앉는 곳. 지나던 나그네도 환영받는 그곳에 매미 소리 요란하고 부채바람이 시원하다. 세상 시름을 잊는 곳이랄까. 그런 느티나무가 될 수는 없을까.

원두막에서 내려다보면 여기저기 이파리들 사이로 수박이 시퍼렇고 참외가 노랗다. 원두막 아래에는 농기구며 과일상자들이 있다. 원두막에 벌러덩 누워 별을 헤아리는 재미는 세상의 점성가들 못지않을 것이다. 동네 아이들, 더러 짓궂은 어른들도 오가며 원두막 침략자가 된다. 그리고 서리를 하는 통에 주인은 몸살을 앓는다. 나는 몸살 앓는 주인의 원두막 같은 사람이고 싶다.

검게 물들인 옥양목 팬티 한 장이면 여름을 난다. 잠자리에 들면 잠옷이 되고 집 밖을 나서면 외출복이 되고 강물에 뛰어들면 수영복이 되는 검정 팬티. 그것도 아까워서 사내아이들끼리면 돌 섶에 벗어 놓고 물장구를 친다. 선크림 따위 필요 없다. 여름 내내 아프리카 토인보다 더 까맣게 그을린 모습으로 서로 깔깔거리던 곳, 나는 그 여름의 고향의 개울이고 싶다.

냉과리

며칠 비워둔 빈집에 들어서면 냉기가 돈다. 겨울바람에 집안이 얼어붙었다. 찬바람이 가슴속으로 스며든다. 구들장이 깔린 방은 늘 불을 넣어야 온기가 유지된다.

아궁이에 불을 지펴야 한다. 마른 장작을 포개 놓고 불을 지피면 굴뚝으로 나가는 공기로 방안을 데우게 된다. 날마다 불이 잘 들어가는 게 아니다. 기압이 낮을 때면 아궁이에 불이 잘 붙지 않는다. 냉과리의 연기가 아궁이 밖으로 밀려 나온다. 연기에 눈물범벅이 된다.

연기만 내는 젖은 장작을 꺼내야 한다. 잘 마른 장작이 타는 소리가 정겹다. 타닥타닥 소리를 낸다. 꺼낸 냉과리를 다시 아궁이에 밀어 넣으면 불기운에 쌓여 더 큰 열기를 내며 타게 된다. 오히려 젖은 장작이 더 큰 열기를 내어 냉골이던 방을 데운다.

연기만 내던 냉과리 같은 그 무엇이 있다. 억지로 태우려고 하면 메케한 연기만 피운다. 당신의 눈을 맵게 하고 눈물 흘리게 하는 것은 무엇인가. 당신 안에 냉과리가 있다면 우선 꺼내야 한다. 얼어붙은 몸과 마음을 먼저 데워야 한다. 내가 데워지면 주위가 훈훈해진다. 세상이 따뜻해진다. 비로소 냉과리도 불길을 일으키며 타고 있을 것이다.

감나무

　시골길 모퉁이를 들어선다. 뉘 집 뒤뜰에 감나무 한 그루 서 있다. 감이 떨어져 있다. 그냥 지나치는데 다음 집에도, 그다음 집에도 감나무가 서 있고 나무 아래 벌레 먹은 땡감들이 후두둑하다.
　마음은 벌써 마을 안으로 들어선다. 감꽃이 피면 떨어진 감꽃을 주워 실에 꿰어 진주보다 아름다운 목걸이가 된다. 마땅히 걸어줄 친구 하나 없어도 한 바가지 주워 담는다. 새들새들해진 감꽃을 한 줌 입 속에 털어 넣는다. 우물우물, 맛이 그런대로 괜찮다.
　땡감이 밤톨만 해지면서부터 이른 아침 감나무 밑에는 동네 아이들이 몰려든다. 벌레 먹은 연시 하나라도 풀섶에서 찾아내면 그날은 재수가 좋다. 설익은 연시 하나를 먼발치에서 발견해 놓고는 좋아라 쫓아가면 아뿔싸, 그놈이 그만 개통 위에 떨어져 있다. 얄밉기도 하고 아쉽기도 하다. 주워 먹을 수도 없는 심통에 애꿎은 돌멩이 하나 툭 던져본다.
　땡감을 주워 단지 안에 소금물을 만들어 담가둔다. 사나흘 지나면 익기 시작한다. 달짝지근한 맛이 난다. 아직 삭혀지지 않은 것은 떫은맛이 그대로다. 이렇게 감이 익어가면 고향마을에 가을걷이도 시작되고 본격적 가을 냄새가 타오르기 시작한다.

다움

 겨울은 겨울다워야 한다. 답다는 것은 그만큼 자기 가치를 충분히 발휘하고 있다는 뜻이다. 겨울 추위에 웅크리고 언 손을 호호 불고 얼음에 미끄러지는 일을 원망하기도 하지만 겨울은 겨울다워야 참겨울이다.

 겨울이 따뜻하면 이상기온이라고 한다. 이른 봄 새순이 움 돋을 때 병충해가 생기고 농사도 걱정된다. 땅이 얼었다 녹았다를 되풀이하면서 식물이 튼튼해진다. 겨울잠 자는 곤충들도 건강하게 깨어난다. 겨울다울수록 봄답고 여름답게 된다.

 내가 나다움으로 네가 너다울 수 있다. 네가 너다울수록 나는 나다울 수 있다. 너무 춥다고 너무 덥다고 탓하지 않는 자기다움을 있는 대로 바라보는 눈, 참 멋지다.

분재

창가에 소사나무 분재 하나가 새봄에 어김없이 싹을 틔우고 있다. 손바닥만한 질그릇에 심어준 나무다. 지난 6여 년 동안 길러왔는데 이제는 막사발만한 질그릇에서 자라고 있다.

잎이 무성할 때면 더욱 잊어버릴 수 없는 나무다. 물을 하루걸러 주게 되면 잎이 금방 시들어버리고 만다. 언젠가 사나흘 자리를 비웠더니 새잎이 바싹 오그라들고 말았다. 이러니 어찌 하루라도 잊을 수 있단 말인가.

지난겨울 내내 사나흘에 한 번씩은 물을 흠뻑 주어야 했다. 매일 서재 문을 열면 제일 먼저 살펴보게 되고 서재 문을 닫을 때도 한번은 살펴주어야 하는 나무. 새봄이 와도 아직 찬바람에 옷깃을 여며야 하는데 녀석은 언제나 거기 자리를 잡고 동박새 혀끝 같은 새싹을 틔우고 있다. 결코 저절로 자란 것이 아니다. 하루도 빠짐없이 문안인사에다 정을 쏟고 공을 들인 덕이다.

시장에 내다 놓으면 누구 하나 거들떠보기나 할까 싶다. 기껏 단돈 만 원 정도면 누군가 봐줄 사람이 있으려나 싶다. 이 보잘 것없는 나무에 뭐 그리 정을 쏟냐 싶겠지만 내겐 소중한 나무다. 생명이 있는 나무이며 무엇보다 누군가 넘겨주고 간 나무이기 때문이다. 하지만 이보다 더 중요한 것은 내가 그동안 잘 길러왔다는 것이다. 6년 동안 쌓인 정과 웬만한 나의 사정도 다 알아줄 것 같기 때문이다. 아내마저도 모르는 비밀을 다 보고 듣고 있었다.

단 한 번도 주인의 수치를 발설하지 않고 겨우내 죽은 듯 지내다가 이른 봄이 되면 새싹을 틔어 내게 안겨준다. "내가 여전히 살아있다. 나는 다 알고 있다. 나는 다 보았다."라며 나를 쳐다보고 있다.

금년에도 틀림없이 키가 더 자랄 것이다. 처음 누군가의 손에서 비틀려 있던 모습 그대로 자라고 있다. 내 맘대로 한 번 비틀어 모양새를 바꿔볼까 생각도 하지만, 그 자체로 계속 함께 살련다. 어디까지 함께 갈 수 있으려나 서로 기대하고 있는 모양새다. 특별한 이름을 지어주려고 생각 중이다.

청보리밭

전라도 고창을 다녀왔다. 선운산 자락으로 구름이 흐르고 있었다. 해풍과 겨울을 이겨낸 청보리들이 봄맞이 중이었다. 파란 수채화 물감을 풀어놓은 듯했다.

먹거리가 없어서 허기진 아버지가 보릿고개를 넘느라 얼마나 힘드셨을까. 가장으로서 처자식을 책임져야 할 자신의 무능을 탓하셨을 것이다. 어머니는 이 가난이 자기 죗값인 줄 알고 끼니 때마다 빈 항아리만 긁어댔다. 젖이 말라 배고파 보채는 아이를 안고 업고 밤새 달래기 일쑤였다.

청보리밭에 가난한 이들의 낭만이 남아있다. 겨울 양식이 떨어지고 청보리가 익어야 겉보리 쌀이지만 배부를 수 있었다. 한 톨의 보리 이삭이라도 더 거두려고 보리밭 밟기를 해야 했다. 청보리는 된서리와 삭풍을 맞아야 했고 얼음 속에서 견뎌내야 했다. 그리고 여지없이 짓밟혀야 청보리의 삶이 완성되었다.

청보리, 청보리! 가난이 서린 낭만에서 풋풋한 냄새가 난다. 웬일인가.

새울 나경숙 〈평강〉

등산화

 그저께 그 정도 비가 내렸을 뿐인데도 고위산 계곡에는 물이 졸졸 흐르고 있다. 겨우내 목말랐던 나무들이 그렇게도 뿜어 올리는데도 물은 자기 길로 여전히 흘러가고 있다. 누가 보아주든지 말든지 어떤 사람들이 관심을 두든지 말든지 태초부터 지금까지 그래왔듯 세상 끝날까지 여전히 흐르는 것이다.
 천년을 훨씬 넘어 최치원이 머물렀던 자리, 김시습 시인이 쉬어가다 금오신화를 썼던 용장사 부근을 지나 탑이 올려다보이는 곳을 찾고 있는데 발끝에서 애벌레 한 마리가 꿈틀거린다. 아마 제 딴에는 무섭고 징그러운 모양새로 적을 물리칠 수 있다고 생각했는지 입은 옷이 그리 편해 보이지 않는다. 아차, 하는 순간 등산화에 짓밟혀 흔적도 없이 먼지로 날아갈 뻔했다.
 어렸을 때 해충이라 해서 눈에 보이는 대로 밟아 죽여버렸다. 워낙 환경이 무너진 탓에 호랑나비 한 마리 찾아보기 드물 때라 그것은 해충이 아니라 자연이 되어 되살아날 수 있는 것이었다.
 그러고 보니 지금 신고 있는 등산화는 아내와 같이 살아온 세월만큼이나 된다. 결혼하던 그 해 가난한 살림에 어디서 구두 티켓 한 장이 났다. 백화점이라는 곳에 가서 랜드로바 가죽 등산화를 하나 샀던 것이다. 세월은 가고 사람도 가고 있지만, 신발 하나만큼은 튼튼하여 조선 팔도 어디든 주인 따라가고 있다.
 내가 가는 데로 가는지 신발 가는 데로 가는지 모르겠지만 랜드로바 등산화 아래 밟혀 죽은 숱한 미물들이며 짓밟힌 풀잎들이 아직 잠잠한 것을 보면 그저 힘없이 사라지는 것 또한 창조의 질서인 듯하다.
 그런대로 여전히 새순들이 마른 가지에서 피어나고 연한 새싹들이 짓밟힌 땅을 비집고 돋움질 한다. 호랑나비쯤 될 애벌레가 어디서부터 언제부터 바깥세상 구경하러 나왔는지 지난겨울 내내 얼어 죽지 않고 잘 버티어 왔다.
 스쳐가는 자리에도 미물들은 피어나고 있다. 아직 물기 오르지 않는 잡목 숲속에는 진달래가 수줍은 규수처럼 고갤 내민다. 봄은 오고 가고 사람도 미물도 오고 간다.

가을 전설

억새가 달빛에 출렁인다. 태화강 하구에는 또 다른 전설 하나가 쌓여가고 있다. 영화 '늑대와의 춤을' 한 장면이 연상된다. 로맨틱한 꿈을 꾸는 늙은 소년이 한 소녀를 기다리고 있다. 강물에 비친 달그림자 사이로 긴 머플러를 늘어뜨린 소녀가 다가오고 있다. 억새풀 사이로 스산한 강바람이 스쳐 지나면 모두가 강물 따라 어디론가 떠내려간다.

누구나 가을이면 시인이 된다고 한다. 어디론가 훌쩍 떠나고 싶다. 친구가 없어도 좋다. 가을은 외로울수록 깊어진다. 숨바꼭질하듯 살아온 시간을 정지시키는 계절도 가을이다. 푸른 하늘 한 점 구름을 띄우고 꿈을 실어본다. 하늘 저편에 흔적들을 남기고 싶은 꿈들. 함께 걷고 싶은 친구를 찾아본다. 찾아도 찾아지지 않고, 찾은듯하지만 지나쳐 버리는 사람들이 아니라 누군가가 그곳에서 기다리고 있는 곳으로 달려가고 싶다. 아니면 내게로 누군가 달려와 줘도 좋겠다.

사람은 저마다 자신이 필요한 사람을 찾는다. 이 가을에 가슴 한켠을 열고 다가설 수 있으면 좋겠다. 어딘가 나를 기다리는 곳으로 때로는 바쁜 걸음으로 때로는 느리게 한 걸음씩 다가서는 것이다. 가을이 깊어간다.

소나무의 비밀

 태풍이 할퀴고 지나갔다. 인간이 아무리 과학적 지능과 능력을 자신해도 자연의 힘 앞에는 속수무책이다. 고작 인간이 할 수 있는 일이란 태풍의 진로와 강도를 측정할 뿐이다. 그것조차도 정확하지 않을 때가 많다.

 아름드리 소나무가 반으로 갈라졌다. 지구가 쪼개지는 소리가 났다고 한다. 태풍에 밤새 놀라서 잠들지 못했다고 전해 주었다.

 조경에 큰 몫을 감당했던 세 그루 소나무가 속절없이 부러졌다. 고고한 자태를 자랑하던 나무였다. 온몸으로 바람을 견디기 어려웠을 것이다. 때로는 교만하게 보였던 소나무였다.

 맨 앞에서 바람을 막아주던 소나무가 뿌리째 넘어졌다. 바람막이로써 사명을 다하고 자기희생으로 숲을 지켜냈다. 거센 바람에 꺾어지면서 얼마나 아팠을까. 쓰러졌지만 숲을 지켜낸 대장의 모습이 대견스러웠다.

 혼자보다 여럿이 낫다. 교회 공동체는 여럿이라서 아름답다. 어린 소나무들이 바람을 견디고 새파랗게 자라고 있다.

병아리

봄은 어느덧 수채화를 그리고 있다. 아름답고 멋진 계절이다. 새순들이 연녹색으로 돌아난다. 가지마다 손짓하는 새순들을 정작 봐줄 사람이 몇 없다.

드디어 병아리들이 깨어난다. 하얀 놈, 까만 놈, 노란 놈까지 어미 닭아 품속에서 노래하고 있다. 달걀 속에 갇혀 숨죽이고 있던 시간이 흐르고 어김없이 깨어난다. 어미 닭은 달걀을 품고 얼마나 애태우고 숨죽여 왔을까. 해산의 수고를 생명으로 내놓고서는 뿌듯해한다.

생명으로 태어나는 것은 귀하고 그 생명을 보듬어 자라게 하는 일은 더 귀하다. 이렇게 태어나고 자란다. 들도 자라고 산도 자라고 씨앗 속에 든 생명은 반드시 살아나 자라는 것이다.

우리 안에 영원한 생명이 있다. 더 이상 보듬어 주지 않으면 언제 어떤 사냥꾼에게 희생당할지 모른다. 목숨을 다하여 우리 목숨 안에 깃든 진정한 생명을 보전해야 한다. 내 안에 생명을 허락하신 창조주 그분께서 불꽃 같은 눈동자로 지켜주신다. 병아리가 물 한 번 마시고 하늘을 향해 고개를 들 듯 우리도 하늘을 우러러야 한다.

이런 노력과 수고를 멈추면 살아있는 생명이 될 수 없다. 부지런히 힘을 다해 날갯짓하며 살아가야 한다. 한 마리의 병아리가 알껍데기를 부리로 쪼아내듯 나를 생명으로 밀어내지 않으면, 나의 단단한 껍질을 깨지 않으면 죽는다. 갓 태어난 병아리는 죽지 않고 살았다. 드디어 생명이 시작되었다.

귀뚜라미

고속도로를 달리는데 저만치에서 희뿌연 구름인가 싶은 게 일어난다. 달려가 보면 굵은 소낙비를 만나게 된다. 비를 몰고 다니는 듯 또 다른 소낙비를 만나게 된다. 마른하늘 햇살이 만만치 않다. 여름이 다 지난 듯해도 더위가 여전하다. 이럴 때 한줄기 소낙비는 여행객들의 마음을 식혀준다.

아프리카에서 몇 날을 지내는 동안 한낮 뜨거운 태양에 지칠 때쯤이면 코코넛 잎새들이 슬금슬금 일렁이기 시작했다. 저만치 먹구름이 햇살을 더욱 밝게 비춰준다. 바람이 이는 듯했는데 어느새 주위가 어두컴컴해지고 굵은 빗방울 몇 개가 정탐꾼처럼 양철지붕을 두두둑 때린다. 그러다 갑자기 소낙비가 쏟아지면 집 안팎의 온갖 크고 작은 그릇들을 처마 아래에 받쳐놓고 물을 받는다. 그 빗물이야말로 가장 좋은 양질의 미네랄로 가득하다.

이런 스콜현상이 금년 여름 종종 나타나고 있다. 그만큼 이 땅도 아열대성 기후로 바뀌고 있다는 증거일 것이다. 더위가 기승을 부리고 온몸에 땀이 고로쇠나무에서처럼 줄줄 흘러내린다.

더위 생각으로 지친듯한데 싱크대 밑에서 귀뚜라미 한 마리가 울고 있다. 그 옛날 고향 마을에서는 토담 밑, 마루 밑, 부엌 한켠에 집을 마련한 귀뚜라미들이 밤새 울어 젖혔다. 그렇게 여름이 가고 아침저녁으로 선선한 바람에 새벽이불을 끌어 덮었다.

귀뚜라미는 한철 앞서 사는 선지자임에 틀림없다. 가을걷이를 위한 따사로운 햇살을 불러들이고 있다. 아무리 소낙비가 거칠고 여름 더위가 짜증 나게 따라붙어도 귀뚜라미는 가을의 전령으로 이미 우리를 이끌고 있다.

버들강아지

    수돗가에 저절로 자란 버들이 강아지를 피워 올린다. 지나는 길손들이 수돗물을 사용하는 곳인지라 흙마당에 물이 마르지 않는다. 그래서인지 남 먼저 버들강아지가 피었다.

    어디에서 와서 자랐는지 아니면 본래 자기 자리였는지 알 수 없지만, 공원을 만든다고 파헤치고 화단을 만든다고 축대를 쌓았는데도 끈질긴 생명이 피어나고 있다. 어느 누가 눈여겨보지 않고 귀찮아서 가지를 잘라내지만 자기를 미워하든 말든 상관없이 핀다.

    겨울 지나고 봄의 새 소식을 먼저 전해 주기 위해 태어난 듯싶다. 보는 이마다 "아, 이제 봄이 왔구나!"를 연발하게 한다. 그리 멀리 산과 골짜기로 다니지 않더라도 눈여겨 한 번만 바라보면 볼 수 있는 곳에 자리를 지키고 있다.

    겨울이 길어지고 얼음이 녹지 않을 때면 언제 봄이 오려나 싶다. 계곡에서 흘러내린 얼음을 녹이는 물에 손이 시리다. 양지바른 곳에라도 바람을 피하려면 그곳엔 어김없이 버들강아지가 있다. 때로는 바위틈으로 뿌려진 물줄기에 얼음이 꽃처럼 망울져 있고 봄 햇살에 녹아내리는 물방울이 매달린 것을 보면 새로운 계절을 알리는 감사의 눈물 같아 보인다.

아직은 작은 나뭇가지들마저 얼어 있는 때라 스치는 옷깃에도 버들강아지가 부러질 것 같지만 탐스러운 털복숭이가 손등을 쓰다듬는다. 아마 버들강아지는 태초부터 그곳에 자리를 잡고 있었던 것일까.

산새들이 내려앉기도 하고 짐승들이 시린 물 한 모금 마시기 위해 두리번거리며 다가오기도 한다. 숱한 벌레들이 기어 다니고 날아들곤 한다. 오늘처럼 한가한 걸음들이 잠시 바위 곁에 머물면서 "어머, 어머 이뿌다!"를 반복했을 것이다. 더러는 나그네들이 수돗물 소리를 들으며 쉬어갔을 것이다.

버들강아지는 그렇게 자서전을 써 내려가고 있다. 그동안 보았던 수많은 것들과 들었던 숱한 사연들을 써 내려가고 있다.

부활꽃

　목련이 지고 개나리가 진다. 옮겨 심은 할미꽃도 지고 있다. 엊그제 꽃샘추위에 외투를 걸쳐 입었건만 벌써 너무 무겁게만 느껴진다. 그러는 사이 나도 모르게 벚꽃이 화들짝 피고 있다.

　긴 겨울 지나온 꽃이다. 겨울 추위에 나뭇가지가 많이 부러지기도 했고 겨우내 얼었던 땅에서 되살아나지 못한 뿌리도 많다. 많은 씨앗이 떨어졌지만, 새싹을 내기란 쉽지 않았을 것이다. 많은 꽃망울이 있었지만, 추위와 가뭄에 바싹 말라버리기도 했을 것이다.

　그런데도 새싹이 돋고 꽃이 피었다. 나무가 살아나고 풀이 돋았다. 어디에서부터 시작된 생명인지 새록새록 자고 깨는 중에 자라있다. 부활꽃을 피우기 위해 애쓰는 것들. 용케도 믿음의 겨울을 지나온 터라 바라보기만 해도 가슴이 찡해온다. 코끝이 겨자 한 숟가락은 퍼먹은 듯 아려온다. 손가락만 톡 대어도 바스러질 것 같은데 연한 새싹들이 부지런히 피어오른다. 어느덧 단단한 가지가 되고 나무가 된다.

　연장을 만들어 쓸 만치 자랐다. 이제는 아까운 생각마저 든다. 부활꽃을 피우기 위해 밤낮으로 애쓰는 모습이 안쓰럽기만 하다. 살며시 다가서서 꼭 안아주고 싶다.

가을에

때로는 의미 없이 쓰러져 드러눕고 싶다. 꼭 어디 아파서가 아니라 매일 되풀이 되는 일상에 짓눌려 버린 곳에서 도망치고 싶은 마음이다. 사춘기도 아닌데 사춘기처럼 꿈을 꿀 때도 있다.

게으름을 실컷 부려보고 싶다. 신문이나 텔레비전에 나오는 억새꽃 핀 산으로 달려가고 싶다. 영화배우가 차려입은 멋있는 모습이라면 더욱 좋겠다. 아니면 단풍이 비친 호숫가 한적한 카페에서 커피 한 잔 마시면서 초점 없는 눈빛이라도 마주치고 싶다. 호수에 일렁이는 달빛이다가 마음속에 울렁이는 슬픔이다가 나도 모르게 그리움이 왈칵 치밀어 오르는 가을이고 싶다. 아니 차라리 가을 들녘에 꼼짝없이 서 있는 허수아비처럼 나를 묶어두고 싶다.

가을은 걷잡을 수 없는 혼돈과 공허의 입을 벌려 마음이 들어오기를 기다리나 보다. 흐린 가을이면 하늘을 올려다보며 우울해질 것이 아니라 구름 너머 햇살을 바라볼 수 있어야겠다. 풀벌레가 소리 내다가 숨어버리는 가을이지만 오늘도 변함없이 그대의 사랑으로 가을은 여물어가는 법.

여름비와 그리움

한 주간 내내 비가 내리고 있다. 고속도로를 달리는데 앞이 보이질 않는다. 위험을 뚫고 나오는 스릴이 느껴진다. 해수욕장마다 여름 손님을 받지 못해서 울상이다. 피해가 속출하고 인명피해 또한 일어나고 있다. 텔레비전 화면에는 홍수로 인한 피해 소식이 넘쳐난다.

그런데도 비가 올 때면 할 일이 생각나기도 하고 그리운 사람들의 얼굴이 빗물을 타고 흐르는 차창에 비치기도 한다. 더욱이 그리운 사람들이 유리창 너머로 나타나면 시간을 거슬러 올라 아련한 추억으로 가슴이 뭉클해진다.

나는 어느새 아프리카 형제들이 보고 싶다. 까만 피부에 눈과 치아만 유난히 반짝이던 형제들이다.

양철지붕 위로 떨어지다 못해 내리퍼붓던 빗줄기를 보고 있다. 야자수 잎이 바람에 날리면서 어디에선가 먹구름이 갑자기 덮치면 한두 방울 굵은 빗방울이 떨어지는가 싶더니 순간적으로 내리퍼붓고 있다. 그것이 그리움이 되어 가슴 속으로 밀려든다. 먼 그곳으로, 아득한 시간 속으로 다가가고 있다.

슬픈 꽃

이팝나무가 뭉실뭉실해져 간다. 어릴 적 보리 추수할 이 무렵이 가장 배고팠다. 이제 춘궁기는 전설의 시간이 되었다.

자린고비 이야기도 마찬가지다. 소금에 절인 생선을 천장에 매달아 놓고 밥 먹을 때마다 쳐다봤다는 이야기. 한 번 더 쳐다봤다가는 꿀밤 맞고 닭똥 같은 눈물을 흘렸다는 이야기. 찬물 한 대접으로도 배를 불렸다는 이야기. 정말 희망 없던 이 나라에 언젠가부터 음식 쓰레기가 고민이 되었다.

이팝꽃, 참으로 슬픈 꽃이다. 하얀 쌀밥처럼 보여서 붙여진 이름. 그 쌀밥나무를 쳐다보며 배를 불린 우리의 어머니 아버지들.

키가 작고 꽃이 작은 나무는 조팝나무라고 불렀다. 좁쌀처럼 꽃이 피는, 아니 꽃이 열리는 나무다. 며느리밥풀꽃도 있다. 배고픈 며느리가 밥풀 하나라도 아쉬워하던 때 그 꽃을 바라보며 배부른 환상에 빠져들던 때가 있었다. 지독히 가난했던 백성들의 꽃.

모두 슬픈 시절이었지만 희망의 꽃이었다.

고맙다

솔바람이 고맙고 하늘의 별들이 고맙다. 황토방에 군불이 고맙고 동면에서 깨어난 벌레들마저 고맙다. 잡목 숲 사이에 먼저 피어난 진달래가 고맙고 잔디밭 가장자리 뿌리 내린 할미꽃이 고맙다. 축대 아래 심어놓은 왕벚나무에 꽃망울이 고맙고 생강나무에 노란 꽃향기도 고맙다.

오늘 하루 우리가 스쳐 지난 만남도 고맙고 사람 냄새 풍겨줘서 더 고맙다. 당신은 내게 더 고마운 사람이다. 고마운 사람, 고마운 일들, 고마운 것들이 가득한 세상을 보여주신 은혜가 감사하다. 무엇보다 새벽 무릎 자리를 지키는 당신이 고맙다.

제 2부

삶의 무게

동무	마음의 열매
생수 한 그릇	대성통곡
난전	가는 귀
태양은 다시 떠오르는 것	기지개
착한 사람	진실의 눈물
짠한 마음	달력
시린 손	이제 떠나야 할 시간이
사이	삶의 무게
삼겹줄	돌사탕
무서웠던 기억	손길
삶과 믿음 사이	피농사
부활의 소리	월동준비
살리는 말	젖은 손수건

동무

 동행이라는 말, 참으로 아름다운 말이다. 동무라는 말 또한 매우 아름답고 친근한 말이다. 북쪽에서 써오는 말이라 다소 어색한 면도 있다. 하지만 어릴 때부터 흉허물 다 보여주고 발가벗고 함께 뒹굴던 친구들이 바로 동무인 것이다. 어깨동무라는 말이 새삼 새롭다.
 나이가 들수록 아름다워 보인다. 아름다운 동행, 행복한 동행, 결코 녹록지 않은 삶인데도 참아낼 수 있었던 것은 동무와의 동행 덕분이 아닌가.
 동무들은 싫어도 좋아도 미워도 토라져도 함께하는 친구들이다. 저녁 해거름까지 분이 풀리지 않아서 씩씩거리다가도 아침이 되면 어김없이 찾는 친구. 속을 훤히 다 보여도 참아주는 친구. 며칠 집을 떠나 있으면 잊어버렸다가도 만나면 여전한 그런 친구, 나이가 들어 백발이 되었지만 어설픈 인사 몇 마디에 금방 '니', '내'가 되어버리는 친구. 그런 친구가 동무다.
 조금도 피곤하지 않고 서로를 이해하고 받아주면서 함께 가는 동무로 인해 인생이 즐겁고 행복한 것이다. 내 동무 네 동무 모두 동무가 되면 더욱 좋겠다.

생수 한 그릇

불볕더위에 폭염주의보가 내렸다. 열대야로 잠 못 이루는 밤이다. 거기다 올림픽 중계까지 보느라 사람들 모습이 지쳐있다. 여름 사냥을 나선 휴가도 제대로 누리지 못하고 귀가한다. 올해는 에어컨이 모자라 설치하는데 일주일을 기다려야 한다고 한다. 더위를 먹어 죽는 사람도 생길 듯하다.

사람만 더운 게 아니다. 식물도 땡볕에 타들어 간다. 채소 가격이 치솟고 있다. 나무들도 마찬가지다. 잎이 바싹 말라간다. 전원교회에 잔디가 가녀린 잎을 말고 있다. 지하수를 뿌려주기도 하지만 역부족이다. 한줄기 비를 간절히 기다려 본다.

엊그제 한나절 비가 내렸다. 충분하지는 않아도 식물들이 살아나고 있다. 땅이 젖을 만큼 내렸으니 식물들이 웃는다. 땀 흘리는 운동경기장의 선수가 생수 한 모금에 힘을 얻듯이 식물들이 새 힘을 얻는다.

영혼들의 기갈은 어떠한가. 암보다 더 무서워 서서히 죽어 간다. 오래 가물면 보이는 잎은 살아있는 것 같아도 뿌리가 소생할 수 없도록 말라버린다. 살아 있음을 느끼는 가쁜 숨은 몰아쉬는 것이다. 영혼이 가쁜 숨을 쉬고 있다면 지금 생수를 공급해야 한다. 생수 되신 예수 그리스도께로 나아가야 한다.

난전

난전에서 물건을 팔아도 저녁이 되면 그날을 결산한다. 물건은 얼마 치를 사들였고 그중에 얼마만큼 팔았고 재고는 얼마나 되며 다음날은 또 어떻게 장사를 할 것인지 생각한다. 한 푼이라도 더 모으고 싶은 생각에 일수를 생각하지 않을 수가 없다.

계산하고 따지다 보면 저녁 끼니 걱정될 때도 있고 어느 날엔 과일 한 봉지라도 성큼 살 수 있을 때도 있다. 철모르게 천방지축인 아이들이 허기진 배로 맞이할 때면 그나마 자식 건사할 생각에 피곤이 틈탈 여가조차 없다.

한 주, 한 달, 일 년을 결산해볼라치면 입가에 미소와 눈가에 주름이 헝클어진다. 어느새 세월의 주름이 나이테로 자리를 잡는다. 괜스레 이웃 가게에 기웃거리기도 하고 번듯한 가게 하나를 눈여겨보기도 한다. 언제쯤 빌딩 짓고 통유리 쇼윈도우 속 따스한 난로 옆에서 졸면서 손님맞이 할까. 한숨 짓기도 한다.

나잇살이나 들어도 여전히 바람막이 하나 없는 난전 장사라면 얼마나 답답할까. 정직하게 몸뚱아리 하나로 버텨왔다는 데는 부끄럼 없지만, 자식들 앞에 염치없어 눈을 내리감을 수밖에 없다.

이만한 난전 하나도 쉽지 않았는데, 함께 좌판에 앉아있던 이웃들은 재주가 많아 나름대로 점포 하나씩은 얻어 나갈 때 남은 자는 어떤 생각에 사로잡힐까.

시장통 난전을 지나다 내 삶도 늘 난전이었음을 생각해 본다. 이만한 난전도 쉽지 않았다고 다시 되뇌어보며 이 물건 저 물건에 손길을 보태어 본다.

태양은 다시 떠오르는 것

    시작이 있으면 끝이 있다. 끝이 있으면 새로운 시작이 있다. 시작과 끝은 그래서 중요하다. 시작은 미약하지만 창대할 수 있다. 어떤 경우에는 시작은 거창한데 끝이 시원찮은 경우도 있다. 한 해의 끝자락이다. 새로운 시작 앞에 서 있다.

    누구와 동행하느냐가 중요하다. 사랑하는 사람과 함께하는 시간이 가장 빠른 시간이라고 한다. 마음이 맞는 사람과 같이 여행한다는 것은 가장 행복한 것이다.

    한 해의 끝자락이 다른 한 해를 시작하는 어귀에 서 있다. 나름의 목표를 세우고 달려도 늘 아쉬움이 남는다. 포기하기에는 이른 일들이 많다. 그렇다고 서두를 필요는 없다.

    삶은 급류에 휘말릴 때도 있고 바위에 부딪힐 때도 있다. 그러나 어느새 고요한 강줄기에 떠 있는 자신을 발견하게 된다.

    같이 주어진 삶인데 이해되지 않는 일도 많다. 원망이 생길 때도 있다. 누구나 그렇다. 너무 유별나지 않으면 좋겠다. 내일의 희망을 품고 가다 보면 멋진 세월을 살 수 있을 것이다.

    애써 걸어온 걸음들이 귀하다. 더 열심히 달려가게 한다. 오늘 칠흑 같은 밤이 걷히고 어김없이 내일의 태양이 떠오른다.

착한 사람

 묵묵히 자기 맡은 일에 최선을 다하는 사람, 힘든데도 내색 한 번 하지 않고 견뎌내는 사람, 요란하지 않게 자기 일을 하는 사람, 탁월하지 않지만 성실하게 노력하는 사람, 평범하지만 속이 깊은 사람, 작은 일에도 감사하는 사람, 똑똑한데도 어딘가 구멍이 있는 사람, 겸손한 사람, 착한 사람의 기준은 무엇일까?
 착한 사람에 대하여 곰곰이 따져 본다. 결국은 나에게 잘해주는 사람이다. 아무리 나쁘고 악한 사람이라도 내게 착하면 착한 사람이 된다. 그 사람이 나쁜 짓을 해도 이해되고 동정이 간다. 아무리 착한 사람이라도 내게 나쁘면 그 사람은 나쁜 사람이 된다. 누군가 그 사람을 변호해도 나는 용납할 수 없다. 내게는 나쁜 사람으로 남아있기 때문이다.
 착한 사람이 된다는 것은 사람의 됨됨이가 물론이지만 결국 관계다. 어떻게 관계되어 있느냐가 중요하다. 누군가로부터 착하다는 소리를 듣는 것은 그만큼 좋은 관계라는 것이다.
 관계를 위해서는 배려와 섬김이 중요하다. 자기희생이 있어야 한다. 우리 서로 착한 사람이 되어 보자. 요사이 착하다는 의미를 좀 모자란다는 의미로 생각하는 경향이 있다. 그렇지 않다. 우리에게 착한 일들을 이루시는 하나님을 경배하자.

짠한 마음

성도들을 만날 때마다 믿음을 지키기 위해 애쓰는 모습이 안쓰럽다. 힘겹게 살아가면서도 믿음의 길을 가는 성도들이 많다. 열병을 앓는 자식을 안아주듯 보듬어주고 싶다.

가을인데 마음이 쓰리고 허전하다. 우울증 앓는 듯 하늘만 바라보고 있는 이들이 늘어간다. 그 무엇으로 메울 수 없는 숱한 마음에 바람이 분다. 짠한 마음이 든다. 무엇이 내가 사랑하는 이들을 이토록 힘들게 하는지…. 그것은 다름 아닌 사람이다. 의지했던 사람이 무너지고 믿었던 사람이 쓰러진다. 내 편인 줄 알았는데 전혀 아니었다. 받아줄 것 같았는데 버림당하기 일쑤다.

사람에 대한 기대와 욕심이 상처를 안겨주나 보다. 그래도 믿을 수 있는 사람은 기다려야 한다. 긴 기다림 끝에 찾아온 사람을 보면 더욱 귀하고 사랑스럽다.

누군가 지난 인생에서 가장 소중한 것이 뭐냐고 물었다. 사람이라고 대답은 했지만 아직은 바램일 뿐인 것 같다.

그래도 내가 외롭지 않고 버틸 수 있는 것은 사람이 있기 때문이다. 사람이 느껴지지 않아서 가슴 아플 때 더러 있다. 사람으로 인하여 아픈 이에게 나를 느끼게 하고 싶다.

비에 젖은 새 한 마리가 창가에 앉았다. 따스한 거실에 들이고 싶어 창문을 열었더니 놀라서 날아간다.

비를 맞는 마음아, 나의 거실로 오너라. 나는 오늘도 창문을 연다. 변함없이 계시는 그분, 그분만이 줄 수 있는 따스함으로 당신을 기다린다. 짠한 마음으로.

시린 손

성탄절 트리가 반짝인다. 해마다 이맘때는 분주하다. 한 해를 마무리해야 하고 내년을 맞이할 채비를 서둘러야 한다. 산다는 것이 벅차서 작은 불빛이 희망이 된다.

하늘과 땅에 미칠 큰 기쁨의 좋은 소식의 예수님이시다. 우리에게도 새로운 좋은 소식이 들려왔으면 좋겠다. 사람들은 의미도 없이 작은 불을 켜고 캐럴을 부르며 즐거워한다. 믿는 사람이나 믿지 않는 사람이나 즐거워한다.

못다 한 한해의 아쉬움이 늘 있다. 성탄의 소식이 거리마다 가득 찬 것을 보면 아직은 희망이 있다. 일상 가운데 기쁜 소식이 당도하길 기다려본다. 누군가 손만 잡아주어도 에너지를 얻을 것 같은 요즘이다.

내 손을 잡아주길 기다리는 것보다 내가 먼저 다가서서 누군가의 손을 잡아주고 싶다. 그 한 번의 손길에 시린 손에 용기를 줄 수 있다면 나의 기쁨이 되겠다.

오른손을 주머니 깊숙이 찔러 두자. 따스한 손길을 기다리는 사람들이 많다. 다가서서 시린 손을 살며시 잡아주자. 생각만으로 따스해진다.

사이

 사람이 살아가는데 가장 소중한 것은 무엇일까? 사람의 인생관과 가치관을 결정짓는 것은 무엇일까? 먹고사는 문제도 중요하지만 살면서 꼭 필요한 것은 관계다. 더 쉬운 말로 하면 사람이다.

 너와 나 사이, 우리 사이, 사람과 자연 사이, 사람과 짐승 사이, 사람과 일 사이, 사람과 하나님 사이, 이렇게 따지고 보면 사람은 사이에서 살게 된다. 결국 삶과 죽음까지 가게 된다.

 사이 때문에 행복과 불행을 결정짓기도 한다. 사이가 원만하면 둥글둥글 살게 되고 사이가 나쁘면 각지게 살게 된다.

 우리 사이는 어떤가? 우리가 남이가. 하는 사이일 수도 있고 전혀 남남일 수도 있다. 남남인 사이가 친구가 되기도 하고 부부가 되기도 한다. 그렇다면 우리는 어떤 사이로 남아야 하는가?

 너와 나 사이에서, 우리 사이로 눈을 더 크게 뜨면 어떨까? 보는 것이 많을수록 할 일도 많아진다. 좋은 사이라면 일이 아니라 즐거움이 된다. 불편한 사이라면 무거운 일이 되는 것이다.

 우리 사이를 섬김으로 메우길 소망해 본다.

삼겹줄

 시작이 반이라는데 절반의 시작에 성공한다면 나머지 절반도 성공해야 한다고 생각한다. 작심삼일이 되어버린다면 절반의 성공을 기대하기 어려울 것이다. 하지만 다시 시작하면 되지 않겠나 싶어 다짐해본다. 작심삼일이 이어진다면 그것 또한 절반의 성공이라 부르고 싶다. 사람은 매일매일 새로운 결단으로 살아야 하나 보다. 후회보다도 새로운 시도를 할 수 있다는 것이 살아있는 이유이기도 하다.
 혼자서 할 수 없는 일들을 함께하면 어떨까? 고난의 짐은 나눠지면 절반이 되고 사랑은 나누면 배가 된다는데 셋이서 나누면 그만큼 더 누릴 수 있지 않을까? 셋이서 나란히 걸어가는 우산을 생각한다. 노란 우산, 빨간 우산, 찢어진 우산, 동요이지만 의미가 깊다. 저마다의 색깔이 있고 하나는 찢어진 우산이다. 셋이서 나란히 걸어가는 것이 동무 아닌가?
 우리의 삶도 셋이서 서로 부축하고 격려하면서 가다 보면 안전한 항구에 닿으리라.

데살로니가전서 5:16~18

항상 기뻐하십시오.
끊임없이 기도하십시오.
모든 일에 감사하십시오. 이것이
그리스도 예수 안에서 여러분에게
바라시는 하나님의 뜻입니다.

무서웠던 기억

요즈음 아이들은 무섭다. 북한이 전쟁을 도발하지 않는 것은 우리 청소년 때문이라고 농담을 한다. 그만큼 무섭다는 뜻이다. 뉴스마다 폭력, 폭행, 살인사건이다. 밤길 가기가 정말 무섭다. 세상 돌아가는 것이 무섭다.

내가 무서워하는 것 서너 가지가 있다. 어릴 때 상이군인들이 의족과 의수에 쇠갈고리를 달고 행패를 부리던 기억이 있다. 나병 환자들이 집단으로 살면서 아이를 잡아먹는다고 하던 기억도 있다. 그 근처에는 얼씬도 하지 않았다. 산골 마을인데 밤이면 벼랑 끝을 지나, 집으로 갔다. 어머니가 병원에 입원하시고 아버지는 해가 질 때까지 오시지 않았다. 동생과 사립문에 쪼그리고 앉아있었을 때 너무 무서웠다.

사람들이 무섭다. 짐승이야 달려들면 물리치면 되지만 사람은 그렇지 않다. 꼼짝없이 당해야 할 때가 있다. 돌변하는 것이 사람이다. 어제의 친구가 오늘의 적이 될 수도 있다. 때로는 적과 동침할 때가 많다. 약육강식이 우리 안에 으르렁거린다.

지난주에는 성도들이 무서웠다. 그냥 내버려 두면 아무 일도 하지 않는다. 손잡아 주려고 하면 귀찮다고 뿌리친다. 한마디 더 보태면 원수 보듯 한다.

무엇을 해도 관심이 없는 사람이 무섭다. 똑똑한 사람이 무섭다. 자기 자리를 떠난 사람이 무섭다. 영영 떠나버릴 것 같아 무섭다. 능력 많으신 분들이 무섭다. 기도의 자리에 나오지 않는 분들이 무섭다. 그러다가 주님이 간섭하실 것 같아 무섭다. 게다가 원망 불평하다가 망할 것 같아 무섭다.

나는 이러지도 저러지도 못하고 있다. 이래도 저래도 걸려들기 때문이다. 이러다가 주님의 회초리가 닥칠까 봐 무섭다. 내가 당할까 봐 무섭지만, 성도들의 형편이 더 무섭다.

이러는 내가 무섭다. 나는 성도들이 정말 무섭다. 하나님은 더 무섭다. 무엇을 시작하는 것이 무섭다. 과정을 지나는 것이 무섭다. 그 결과를 기다리면서 무섭다.

내가 무서운 까닭은 전능자는 정말 무서운 분이기 때문이다. 당신께서 제 곁에 가까이 계셔주시면 좋겠습니다. 그러면 세상 어떤 것도 무서워하지 않을 것입니다.

삶과 믿음 사이

　삶은 결단이 아니라 과정이다. 믿음도 마찬가지다. 하루하루를 성실하게 살아가야 한다. 내일 일은 내일 결정하기 때문이다. 이렇게 매일 살다 보면 삶의 이야기가 이어진다.
　살아가는 과정도 중요하지만 결국은 죽음이다. 믿음의 결국은 영생이기 때문이다. 과정이 비슷한 것 같지만 그 결과는 엄청나다. 죽음의 심판과 영생의 천국은 극과 극이다. 믿음은 얼마나 좋은 것인지 측량할 수 없다.
　추수의 계절이다. 같은 상황이라도 열매는 다르게 나타난다. 사람이 살아가는 것도 믿음의 길을 가는 것도 마찬가지다. 때로는 노력했으나 열매가 없을 때도 있다.
　우리는 한해살이로 끝나는 것이 아니다. 다시 추슬러 일어서야 한다. 허락한 한 해에 소망이 든든하다면 다시 시작할 수 있다. 저마다 믿음의 양질이 다르다. 삶을 이끌어가는 것이 믿음이돼야 한다. 믿음은 삶을 이끌어가는 힘이기 때문이다.

부활의 소리

어디에 숨어있었을까? 낯익은 벌레들이 기어 나오고 있었다. 나방도 날고 있었다. 추위를 용케도 견디고 봄을 향해 기지개를 켜듯 모습을 드러낸다. 생명은 신비하다.

얼었던 땅이 풀리자 새순이 돋아난다. 벌써 밭두렁에는 어린 싹을 캐는 손길이 있다. 산모롱이 진달래가 핀 풍경은 한 폭의 그림이다.

숲으로 가면 나는 주인공이 된다. 가만히 서 있기만 해도 그렇다. 다시 살아나는 소리와 냄새와 빛깔이 온통 나를 위해 존재하는 것 같다. 나는 이미 창조주 앞에서 피조물의 행복을 느끼는 것이다.

에덴동산이 아니라도 에덴을 꿈꾸고 그린다. 사물을 화폭에 담는 일은 큰 기쁨이다. 행복은 멀리 있는 게 아니라 지척에 있다는 것을 안다.

계절은 무성한 이야기를 만들어 낸다. 하던 일을 멈추고 새순이 돋는 소리에 귀 기울인다. 수많은 속삭임은 생명의 소리로 다가온다.

부활은 그렇게 지척에서 들려온다. 마음에 불을 지피는 동작으로 온다.

살리는 말

　말에도 뼈가 있다. 말에는 멋이 있고 맛과 색깔이 있다. 그래서 말은 인격이 된다. 말을 들어보면 그 사람의 됨됨이를 안다. 곧 말은 마음의 표현이고 생각이 밖으로 나타나기 때문이다.
　말이 많으면 쓸 말이 적다는 말이 있다. 말이 없으면 속내를 알 수가 없다. 말 한마디로 천 냥 빚을 갚을 수도 있지만 말 한마디로 사람을 살리기도 하고 죽이기도 한다.
　짐승들도 사람 말을 알아듣는다고 한다. 식물들도 사람 말을 알아듣는다고 한다. 그래서 사랑한다. 아름답다. 말해주면 꽃이 다르고 열매가 다르다고 한다.
　말에는 어떤 힘이 있다. 우리가 일상에서 사용하는 말이 어떠한지 생각해 보자. 살리는 말인지 죽이는 말인지 부정적인 말인지 믿음의 말인지 생각해 보자. 말에는 열매가 맺히기 때문이다.
　이왕이면 소망이 되고 희망을 주는 말을 하자. 말을 많이 해야 믿음의 말이 되는 것은 아니다. 오히려 끝까지 들어주는 말이 더 희망이 된다.

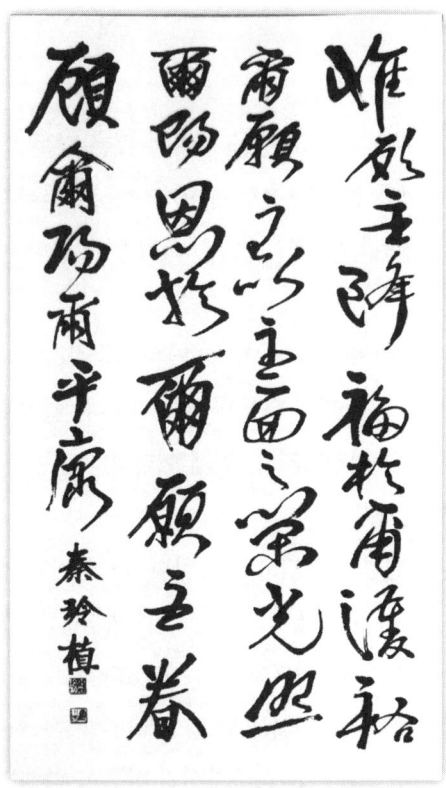

민수기 6:24~26

주님께서 당신들에게 복을 주시고, 당신들을 지켜 주시며, 주님께서 당신들을 밝은 얼굴로 대하시고, 당신들에게 은혜를 베푸시며, 주님께서 당신들을 고이 보시어서, 당신들에게 평화를 주시기를 빕니다.

마음의 열매

하루를 산다는 것과 일 년을 산다는 것은 같은 것이다. 따지고 보면 한평생을 산다는 것도 매한가지다. 그 하루가 한평생으로 이어지기 때문이다. 매일매일을 의미 있게 산다는 것이 중요하다.

울산 하늘 아래서나 타국 어느 하늘 아래서도 마찬가지다. 집 안에서 하루나 집밖에서 하루나 마찬가지다. 일터에서 하루나 이웃과의 하루나 마찬가지다. 언제 어디서나 전능자의 눈 아래 사는 것은 매한가지다.

그러나 사람들은 다르다고 생각한다. 다른 것이 없는데 다르다고 여기는 것이 문제다. 그래서 부정하게 되고 불성실하게 된다. 시간은 언제 어디서든 같이 흐르고 있다.

마음이라는 그릇에 무엇을 담고 있느냐가 중요하다. 산다는 것은 마음을 다스리는 것이다. 자신의 마음을 다스리지 못하면 고통이 되고 두려움을 가지게 된다. 마음에 숨은 부끄러움을 지우기 위해 회개의 자리에 나아간다.

마음 가는 데로 살아지는 것은 아니다. 마음 둘 곳을 찾아 헤매기도 한다. 마음이 갈 바를 알지 못할 때 우리는 갈등한다. 그 누구도 그 어느 곳도 마음을 잡아두지 못하기 때문이다.

이 가을에 마음을 쏟아 보자. 내 안에 열매를 기대하시는 그분께 쏟아 보자. 그분의 마음을 간절히 구하는 것이다.

대성통곡

자신을 돌아본다는 것은 귀한 일이다. 누군가의 자극으로 자신을 돌아보는 경우도 많다. 어디가 막혀있는지 모를 때 누군가의 지적이 뚫어주는 충격요법이 된다.

시험이란 유익하다. 당장은 견디기 힘들어도 성숙해지는 것이다. 아픈 만큼 자란다고 한다. 아이들도 넘어지고 깨어지면서 자란다. 그러면서 어느새 훌쩍 어른이 된다.

믿음 생활도 마찬가지다. 선 줄로 생각될 때 넘어질까 조심해야 한다. 넘어졌더라도 빨리 훌훌 털고 일어나야 한다. 다 커서 엎어져 있으면 무슨 창피인가. 쪽팔려서라도 일어서야 한다.

어린아이는 떼를 쓰며 운다. 어른은 소리 내어 울기 쉽지 않다. 어른이기 때문이다. 그만큼 성숙했다는 것이다. 그러나 어른도 실컷 울고 싶은 때가 있다. 그럴 때는 혼자 목놓아 대성통곡해야 한다. 결코 유치한 것이 아니다.

아무도 없는 예배당 구석에서 대성통곡하는 성도를 볼 때 안심이 된다. 눈물은 치료를 가져다주기 때문이다. 무엇보다도 하나님의 위로가 넘칠 것을 믿기 때문이다. 사람의 위로보다 하나님의 위로는 심령을 회복시키는 은혜가 있기 때문이다.

가는 귀

　나이가 들수록 눈이 침침해진다. 귀도 멀어지게 된다. 집중해서 듣지 않으면 잘 들리지 않는다. 옛 어른들 말을 빌리면 '가는 귀'가 먹었단다. 그래서 귀에 대고 큰 소리로 들려주어야 한다.
　요즈음 귀가 서서히 멀어져 가고 있다. 식구들에게 자주 되묻곤 한다. 내가 생각해도 이상하다. 이렇게 늙어가는 것인데 따지고 보면 살아온 날이 많았다. 그러나 살아갈 날도 있음을 안다. 남은 시간을 위해 무엇을 쌓아두려고 하는 것인지 사람들이 안쓰럽다. 영원히 가져갈 것이라곤 한 푼도 없다. 그래도 늘리고 불리고 쌓으려는 사람의 마음이다. 이참에 몽땅 정리해서 선한 데 쓰면 얼마나 좋을까?
　가는 귀는 몸에만 있는 게 아니라 믿음에도 있고 영에도 있다. 믿음에도 노화현상이 나타나면 가는 귀가 멀게 된다. 하나님의 세미한 음성을 듣지 못하고 어둡게 된다. 사람들의 작은 소리도 외면하게 된다.
　굳이 귀에 대고 말하지 않아도 꼬집어서 얘기해 주어야 한다. 지금 무엇을 어떻게 해야 하는지 알면서도 대충 넘어가려고 한다. 심령이 살아 있을 때는 영의 소리가 잘 들린다. 늙어버린 심령은 자신이 필요한 소리 외에는 기울이지 않는 것이다.

기지개

아침에 눈 뜨면 기지개를 켠다. 밤새 움츠렸던 세포들이 함께 깨어난다. 새로운 하루를 시작한다. 지금까지 한 번도 살아보지 못한 시간을 맞이한다. 다시 오늘을 편다.

새벽에 깨어나지 못하면 아침 햇살을 볼 수 없다. 죽음이다. 새봄에 봄마중을 하지 못하면 나뭇가지와 풀섶은 말라버린다. 죽음이다.

집안에서 어린아이 하나만 깨어나도 온 식구들이 다 깨어난다. 닭장 속 한 마리 수탉이 홰를 치고 울면 온 동네가 깨어난다. 새벽이 오고 봄이 오고 새 아침이 온다. 새들이 지저귄다. 모두 기지개를 켠다. 다시 새로운 시작이다.

진실의 눈물

장례식에 갔다. 한창 일할 연세에 자기 분야에서 어떤 경지를 펼치셨던 분의 장례식이었다. 이 나라 반열에 계셨던 분이셨다. 없어서는 안 될 분이셨다. 그리고 보니 우리나라의 현대화에 선구자 반열에 계셨다.

한 줌의 흙에서 빚어졌기에 한 줌의 흙으로 돌아가는 것은 누구나 피할 수 없는 일이다. 한 평도 안 되는 구덩이에 관을 밀어 넣고 몇 송이 흰 국화로 헌화 후 흙을 덮었다. 묘지에서 일하는 몇 분이 흙을 꼭꼭 밟아 다져서 봉분을 만들었다. 그것으로 끝이었다. 어떻게 살아왔든 그것으로 육체는 사라져버리고 만다.

20여 년을 동고동락했던 최고 경영자 중 한 분이 한 줌 흙을 덮으면서 흘리는 눈물을 보았다. 그분의 눈물에서 진실을 보았다. 그 위치까지 도달하기까지 여간 냉정하지 않으면 안 되셨을 성싶은데 그분의 눈에서 눈물을 보았던 것이다.

벗을 잃어버린 슬픔인지 자기 역시 뒤따라야 할 길이라서인지 몰라도 그 순간에 진실했다. 사람에게는 누구나 진실한 순간이 있다. 그 진실을 얼마나 오래 간직할 수 있냐가 중요하다. 진실의 눈물을 흘릴 줄 안다는 것을 살아있다는 증거일 것이다.

눈물이 아쉬울 때 진실의 눈물을 보았다.

달력

　맨 처음 본 달력에는 대통령 각하의 사진이 있었다. 근엄하신 모습으로 내려다보는 대통령. 안방 벽에 걸린 이 달력을 눈만 뜨면 보고 잠들 때도 대통령의 보호 아래서 지냈다.
　어느 해부턴가 국회의원 아무개의 사진이 자릴 잡았다. 일 년 동안 그의 보호 아래 있는 기분이었다. 그러다가 영화배우가 한복으로 수영복으로 갈아입으면서 우리 집 달력을 지켰다. 형님은 달력을 오려서 이발관 벽에 나란히 붙여두기도 했다. 어머니는 그 빳빳한 종이로 신학기에 받은 새 책의 겉표지를 만들어 주셨다. 막내 형은 딱지를 접어 친구들에게 달려갔다. 가족이 모이면 아버지는 윷놀이 말판을 만들어 사용하셨다.
　매일 한 장씩 넘겨야 하는 달력도 나오기 시작했다. 깜빡하는 순간 일주일씩이나 그 이상씩도 달력을 넘기지 못한 적이 많았다. 한꺼번에 몇 장씩 뜯어내는 것도 쉽지 않은데 아버지는 그 날짜가 적힌 달력을 뜯어서 변소간으로 들고 가셨다. 뒤를 닦아내기에는 호사스러운 것이었다.
　한 해의 묵은 달력은 사라져가고 새해 새로운 달력이 다시 첫 장을 연다. 스마트폰에도 달력이 있고 수첩마다 달력이 빠지지 않는다. 달력의 진화과정이다.

이러다 마지막 달력 한 장을 넘겨야 할 날이 금방이다. 미련 없이 재활용 폐지로 구겨진다. 12장, 6장, 365장, 어떠한 그림이 있든지, 어떤 회사의 로고가 있든지 새해가 되면 사라지기 마련이다.

올해 내 달력엔 무엇을 표시하고 무엇이 기록되어 있는가. 사라지고 말 일들이지만 가슴에 남기는 일들이 되기를 소원해 본다.

이제 떠나야 할 시간이

　오랜 친구들이 어느새 직장에서 정년을 훌쩍 넘어섰다. 하나둘씩 앞서거니 뒤서거니 곁을 떠나는 중이다. 몹쓸 병이 들고 대수술을 하고 기력이 쇠하여 거동이 불편한 내 오래된 친구들. 나만 그런 줄 알았는데 나보다 심한 친구들을 보며 가슴이 짠해진다. 눈물이 난다. 자신들을 녹여냈던 세월이 허무한 것만은 아니다. 병은 열심히 살았다는 방증이 되기도 한다.
　아직도 할 일이 많은데, 남은 꿈들이 있는데, 마지막 호흡까지 최선을 다하길 바라는 마음이다. 나도 힘을 내야겠다. 다시 한번 어깨를 펴고 고개를 들고 가슴을 내밀면서 긴 호흡을 해본다. 또 다른 시작을 향해서 이 세상에서 마지막 힘을 다해야 하지 않겠나.

삶의 무게

회갑 넘긴 듯한 할머니가 서너 살 되어 보이는 손녀딸의 손을 잡고 신호를 기다리고 있다. 멜빵을 맨 듯한데 등 뒤에서 아기가 고개를 빼꼼히 내밀고 있다. 아직 돌이 안 된 아기 같다. 한 손에는 아기의 옷가지나 기저귀들, 분유통이 들어있는 듯하다. 신호가 바뀌기까지 연신 등허리에 매달린 아기를 추스르는 모습이 꽤 힘들어 보인다.

짧은 신호음이 끝나기 전에 왕복 8차선을 건너야 한다. 손을 꼭 잡은 손녀딸을 옆구리에 끼고 신작로를 달린다. 자동차들이 탱크처럼 밀려드는 사이로 잡고 메고 신작로를 바삐 지나간다. 숨 고를 틈도 없이 뛰듯이 가는 할머니.

자식 건사시켜 출가시켰더니 이젠 손자를 돌보는 짐을 졌다. 그런데도 짐이 아니라 사랑으로 손자들을 보듬고 가시는 할머니. 삶의 무게가 늘 무거운 것만은 아닐 것이다. 사랑의 무게는 무거운 줄도 모른다.

돌사탕

　돌멩이로 두들겨도 웬만해선 깨지지 않던 눈깔돌사탕을 서로 돌려 빨던 친구들이 그립다. 이렇게 땅들이 열리고 하늘이 열리는 봄이 되자 입맛이 돈다. 쓰디쓴 고들빼기, 씀바귀, 봄나물을 먹다가 뒤끝이 달아서 돌사탕이 그리워졌다. 봄은 다시 왔는데 돌사탕 돌려 빨던 친구들은 어디 있나.

손길

창가에 작은 분재 하나 있다. 매일 돌봐야 할 아주 작은 분재다. 작은 것이 아름답다고 했듯이 날마다 지켜보는 즐거움이 있다. 아침저녁 손길이 닿아 정이 들어버렸다.

하루 서재를 비운 사이에 그만 목이 말랐나 보다. 파란 생기가 가시고 마른 잎이 안쓰럽게 붙어 있다.

서둘러 물을 주었지만 살아날 기색이 없다. 영영 잎을 내지 못할까 살펴본다. 가지를 잘라 확인해 볼까 생각하다가 다칠세라 그러하지도 못한다.

내가 능력이 있다면 다시 살릴 텐데…. 시간을 거꾸로 돌리고 싶었다. 한동안 그저 바라볼 뿐이다. 뿌리가 살아있다면 새싹이 돋아날 것이다.

내 손길과 정성이 닿지 못하여 시들어가는 영혼이 있다면 주님께서 얼마나 슬퍼하실까? 하루 소홀했다고 죽어가는 분재를 보며 나를 쉼 없이 살펴주시는 주님의 임재에 감격한다. 손길이란 말은 참 따스하다.

피농사

여름 햇살은 뜨거워야 한다. 그래야 농사가 풍년이 든다. 가을 햇살은 따끈해야 열매와 곡식이 튼실하게 여문다. 겨울 햇살은 차갑다. 그래야 한 해 농사를 준비한다. 봄 햇살은 포근하다. 연한 새싹들이 돋아나기에 좋다.

사람을 세우는 일은 농사에 비유되기도 한다. 농사는 농부의 정성이 들어가야 한다. 그 정성을 먹고 꽃을 피우고 열매를 맺는다. 농부의 손은 쉴 틈이 없다. 게으른 사람은 농사지을 수가 없다.

벼가 이삭을 낸다. 이때 피가 같이 자라게 된다. 벼는 익어갈수록 고개를 숙이지만 피는 한 뼘이나 웃자라 고개를 쳐들고 있다. 알곡을 뿌리고 부지런히 김을 매도 피가 웃자란다.

어떤 논에는 벼 이삭보다 피가 더 많아 보인다. 피농사를 지었다. 지나가는 사람들이 혀를 찬다.

모를 내고 한여름 내내 김을 매야 한다. 우리 사이도 마찬가지다. 철 따라 불평하면 마음에 피가 자란다. 사시사철 감사하는 것만이 올곧은 열매를 거두는 비결이다. 우리 삶의 결실이 이랬으면 좋겠다.

월동준비

김장철이 되면 무, 배추가 산더미처럼 쌓인다. 이웃들이 돌아가면서 김장을 한다. 갖은 종류의 김장을 하며 겨우살이를 준비한다. 무 구덩이를 파고 차곡차곡 쌓아두면 한겨울 긴 밤에 무를 꺼내먹는 재미도 시원하다.

고방에는 고구마, 감자, 땅콩 등 온갖 잡곡이 쌓여 있다. 한켠 단지 속에 홍시가 그득하다. 고욤열매를 으깨어서 먹는 재미도 쏠쏠하다. 겨울에 고방에 가득 늘어선 것들을 보는 것만으로 배가 부르다.

큰방 작은방 아랫방에 지필 장작들이 처마 밑에 수북하다. 겨울이 심심하면 산에 올라 나무 등짐이라도 한 짐 해내면 마음이 먼저 뜨뜻해진다. 두꺼운 솜이불 속에 발을 넣어 식구들의 발장난으로 겨울밤이 지나간다.

문풍지 사이로 황소바람이 몰아쳐도, 외풍에 윗목 자릿물이 얼어가도, 등 따습고 배부른 겨울의 행복은 묘하다.

삶에서도 월동준비는 늘 필요하다. 인생의 겨울이 닥치기 전에, 서리가 내리기 전에 얼마나 부지런히 사느냐가 중요하다.

젖은 손수건

지난 몇 년간의 수첩들을 꺼내 본다. 여전히 수첩에 메모해 놓고 사는 나의 아날로그식 삶이 익숙하고 좋다. 한 권에 그해 일 년이 담겨있다. 어떤 이야기가 들어있는지 들춰보는 재미가 좋다.

친구 이야기도 보인다. 영화 속 주인공 김오성이 장동건으로부터 칼침을 맞으며 "인자 고마해라, 마이 묵었다 아이가!" 한 말이 떠오른다.

그림자 친구와 손수건 친구가 있다고 한다. 흐리고 궂은날에는 숨어버리는 친구를 그림자 친구라 하고, 품위를 계속 지켜주는 친구, 때로는 눈물을 닦아주면서 위로해주는 친구, 그리고 다시 소리 없이 뒷주머니 속으로 들어가는 친구가 손수건 친구이다.

내 친구들은 그림자일까, 손수건일까? 그리고 나는? 누군가 내 땀을 닦아주고 내 눈물을 닦아준다면 나는 손수건 같은 친구일 것이다. 하지만 내가 외롭고 서럽고 힘들고 두려움이 있다는 것은 그만큼 그림자 친구로 지내왔다는 뜻이다.

수첩 속 친구라는 단어에 밑줄을 그어본다. 그리고 나는 손수건이 되고 싶다고 중얼거려본다. 그것도 눈물 젖은 손수건이면 더 좋을 것 같다.

제 3 부

찻잔 속으로

다향	겨울 채비
묵은 땅	미리 켜는 기지개
찻사발	절반의 성공과 또 다른
또 다른 봄을 기다리며	찻잔
봄의 전령	다정(茶情)
개미와 베짱이	꼭짓점
찻잔 속으로	차 한 잔
입춘대길	자연을 따라
농부의 마음	고려청자
소확행	나비효과
농사꾼	그 뜻?
어떤 사람	베짱이
모내기	결실의 이유

다향

나의 서재는 차향이 배여 있다. 서재를 방문하는 사람 중에 여유가 있는 분들에게 차를 대접한다. 바빠 죽겠다는 말이 흔하다. 그럴수록 한 발치 물러서서 차 한 잔의 여유를 가지면 좋겠다. 잠시 멈추면 더 풍성한 시간을 맞이할 수 있다고 믿는다.

어떤 분은 차에 대한 식견을 들려주기도 한다. 어떤 이는 분위기에 감동하기도 한다. 혹은 길카페 커피를 찾고 시원한 음료를 찾기도 한다.

때로는 병아리 눈물 같은 장난질이라며 놀리기도 하고 숭늉처럼 마셔야 하는데 성에 차지 않아 한다.

사람은 멋이 있어야 맛이 있다. 그래야 살맛 나는 세상을 이끌어 갈 수 있고 기댈 언덕이 될 수 있다. 차 한 잔 달여 내는 마음에서 다향이 피어오르고 시들어가는 정이 깊어진다. 맑은 찻잔에 그리운 얼굴이 어른거린다.

어디를 가다가도 그릇 굽는 요가 보이면 차를 몰아 좁은 길이라도 찾아간다. 차 한 잔 나눈다면 잊지 못할 정을 만나는 축복이 된다. 흙으로 빚어지고 불에 달구어지고 식히는 작업을 몇 번을 하다 보면 작품이 되는 것이다. 나에게 다가오는 녀석을 만나면 가슴이 울렁거린다. 설렘은 하나의 다향이다.

묵은 땅

땅은 정직하다. 땅은 거짓말을 모른다. 니느리에 작은 농장을 만들었다. 이것저것 심었는데 고추농사가 잘 되었다. 햇살에 익어가는 고추가 대견하다.

땅은 정성 들인 만큼 열매를 준다. 10여 년 묵혀 둔 땅이라 땅 기운이 대단하다. 이러다가 농사꾼이 되는 것이 아닐까? 사람에게 신경을 쓰는 것보다 짐승이나 농사에 신경 쓰는 것이 더 편하다. 정을 기울인 만큼 정으로 되돌려주기 때문이다.

그러나 잠시만 방심하면 잡초가 무성하다. 때를 놓치면 웃자라기도 한다. 일손을 놓은 지 며칠이 지나면 누군가 훔쳐 가기도 한다.

묵은 땅을 일구듯 닫힌 마음밭에 말씀을 뿌리고 기다리는 것이 목양일까? 언젠가 싹이 나고 자라서 열매 맺을 것을 믿으면서 오늘도 니느리 농장으로 간다.

찻사발

언제부턴가 차를 즐겨 마시기 시작했다. 커피! 하면 서양문화가 떠오르고 차! 하면 동양문화로 표현이 된다. 유년에는 식후에 밥솥에 남은 숭늉 한 사발 따끈하게 마시면 행복했다. 허기진 배가 만족하곤 했다. 추웠던 마음도 따스해지곤 했다.

한 잔의 차를 달여 내는 일은 절차 아닌 절차를 거쳐야 한다. 찻잔을 데워야 하고 차에 따라 적당한 물 온도를 맞추어야 한다. 때로는 번거롭기도 하지만 찻물이 어떠한가가 차 보다도 귀할 때도 있다. 어떤 흙과 유약으로 빚어졌느냐에 따라서 차마다 맛이 다르다고 한다.

차와 가까이하다 보니 찻사발이 눈에 들어오기 시작했다. 그것이 개밥그릇이든 막사발이든 흙으로 빚어지고 불에 구워져서 손에 올려진 것이 좋았다.

어떤 흙으로 빚어졌는가. 어떤 가마에서 구웠는가. 어느 작가가 만들었는가. 어떤 모습으로 빚어졌는가. 나의 호기심은 기대감으로 부풀곤 했다.

내가 얻은 지식으로는 상품의 가치보다는 누구에 의해 어떤 모습으로 빚어졌는가에 따라 정감이 다르다. 그 세미한 차이를 겨우 느끼고 있다. 작가의 열정과 혼이 담긴 찻사발이 주는 느낌을 우려 차를 만든다.

 진흙 한 덩이로 빚어진 사발과 같은 내 모습을 비춰본다. 나를 빚으신 하나님과 나를 향하신 창조자의 열정을 찻사발에서 느낀다. 나를 발견하는 즐거움이 하나씩 익혀지기 시작한다.

 차 한 잔을 달여 내는 심정으로 당신을 기다린다. 멋들어진 작품이 아닐지라도 내 안에 당신을 우려내고 싶다. 그것이 찻사발의 소망이다.

 홀로 꿇어앉아 한 잔의 차를 당신께 올린다. 질그릇 속에 담긴 당신의 향으로 흠향하소서.

또 다른 봄을 기다리며

　난(蘭) 애호가를 만났다. 맑고 순한 얼굴에 그윽한 난향이 풍겼다. 그 품에 난을 품기라도 한 듯 조심스레 속살거렸다. 난이 꽃을 피우게 하는 방법을 알려주는 것이었다.
　난은 좋은 조건에서는 늘 자신이 살아있다고 생각하며 꽃을 보여주지 않는다. 그러나 봄날에 물을 주지 않으면 생명이 끝나는 줄 알고 서둘러 꽃대를 밀어 올린다. 바로 번식을 위한 난의 몸짓이다.
　고매한 난도 자기 나름의 생육세계가 있다는 것을 알았다. 세상 모든 살아있는 것들은 자신의 생태에 혼신을 다하고 있다는 뜻으로도 들렸다. 어떤 모습으로든 자신을 부유하게 하고, 세상을 아름답고 향기롭게 한다면 그만의 됨됨이 자체를 보아주는 것이 인지상정이다. 만물을 만드신 하나님이 보시기에 좋았더라 하셨으니 피조물 된 우리로서는 달리 무엇을 말하랴.
　창가에 소사나무 분재가 있다. 며칠 서재를 비운 사이에 단풍이 들었다. 열린 창으로 바람이 불어왔다. 나뭇잎 하나가 찻잔에 앉았다. 오늘은 낙엽차를 마시는 셈이다.
　나무들은 마지막 힘을 다해 생명을 불태운다. 한여름 더위와 태풍과 가을 찐 햇살을 이기기 위하여 기운을 다 쏟아낸다. 그래서 형용할 수 없는 아름다운 빛깔을 발하며 날아오르고 또 힘껏 곤두박질하여 스스로 풍화되어 간다. 이듬해 싹을 위해 자기 자리를 비워낸다. 죽음으로 생(生)을 낳는 자연의 순리에 순응한다.

태초에 지어진 자연의 아름다운 모습을 보려면 어느 정도 대가지불이 필요하다. 그것에 대한 믿음의 눈길을 지녀야 한다. 소사나무도 싹이 트고 낙엽이 되기까지 시련은 있겠지만 그것이 곧 삶의 순환이다. 살아있는 모든 것들이 또 다른 봄을 기다리는 이유이다.

봄의 전경

남쪽에서 따스한 바람이 불어온다. 꽃 소식이 들려온다. 양지바른 곳에서 냉이와 쑥을 캐는 손길들이 재바르다. 개나리, 매화가 피어나고 목련이 꽃망울을 터뜨렸다. 산기슭에 진달래도 연분홍 꽃망울을 밀어 올린다.

이른 봄나물이 입맛을 당긴다. 전원교회 오르는 길, 미나리밭에서 햇미나리를 손질하고 있었다. 첫 순을 받아먹으면 감사하고도 황송한 마음이 든다. 새순이 돋는 이른 봄 냄새가 향긋하다.

긴 겨울을 견딘 푸성귀를 보면 저마다 에이는 시간을 살아낸 향기를 품고 있다. 그 상큼함은 말로 표현할 길이 없다.

얼었던 가지가 싹을 내는 것을 본다. 창조세계는 신묘막측, 그 자체다. 그러나 사람은 변화에 미치지 못한다. 한 계절이 끝나는 시점에서 늘 아쉬워한다. 그만큼 분주해서 그럴까?

창조질서에 민감해야 한다. 그래야 하늘의 뜻을 느낄 수가 있다. 바쁘게만 움직이면 제자리에 맴돌게 된다. 열심히 달리는 것 같은데 제자리에 있는 나를 발견하지 않던가.

지금 삶의 자리에서 한 걸음 내려와 보자. 지면에 올라오는 새싹을 맞이하자. 메마른 우리 마음에도 새순이 돋게 하자. 숱한 고민과 갈등과 긴장을 벗어나 소망의 새싹을 발견하자.

〈오동나무〉
울산이씨의 시

집앞의 오동나무 사랑한 것은
저물무렵 맑은 그늘 드리운 까닭인데
한밤중에 비가 오면 어떻게 하랴
뜬금없이 창자끊는 소리 낼텐데

개미와 베짱이

전원교회에 여름이 우거지고 있다. 풀벌레들이 어느새 날개를 달았다. 짝짓기를 위한 노래가 숲에 가득하다. 가만히 듣고 있노라면 헝클어진 마음이 정돈되곤 한다.

매미 유충은 땅속에서 수십 년을 지내다가 겨우 일주일 정도 산다고 한다. 본능적으로 짝을 찾고 다음 세대를 이어간다.

개미와 베짱이의 우화가 요즈음 시대에는 어울리지 않는다. 그러나 교훈은 여전하다. 한여름 내내 겨울 양식을 준비하는 개미와 시원한 나무 그늘에서 노래를 부르는 베짱이. 나는 베짱이가 부러울 때도 있다. 어떤 무게에 지쳐서 그런가 보다.

내일은 내일이 준비한다고 하지만 그 내일을 준비하는 것은 오늘에 최선을 다하는 것이다. 최선을 다한다는 것은 오늘에 충실하다는 것이다.

우리 주님이 오실 때 상 받는 자는 어떤 성도일까? 책망은 듣지 않아야 하는데…. 아쉬움은 늘 남는다. 수고하며 땀 흘리는 자리에서 주님의 얼굴을 맞이하고 싶다. 베짱이의 삶보다 개미의 삶이 힘들어도 속이 편하다. 슬픈 노래가 되기 전에 서둘러야겠다.

찻잔 속으로

"엷게 달여 낸 맑은 녹차가 좋다." 라고 했더니 차를 아는 분이라고 했다. 차를 알기 보다는 녹차를 달여 내는 것을 좋아하기 때문이다. 맑은 차 한 잔이 비춰는 내 모습 같아서 그렇다.

잠시나마 어그러진 마음을 추스를 수 있다. 다도를 배우거나 연구하지 않아도 그 앞에 앉으면 저절로 묵상이 된다. 나를 한 잔의 차에 녹여내는 매력이 있다. 때로는 내가 차를 마시는 것이 아니라 차가 나를 마시는 것이다.

내 마음은 찻잔 속으로 녹아든다. 내가 누구인지 알 수 없는 평온으로 젖는다. 새벽이슬 내리는 연못처럼 풀벌레의 날갯짓처럼 잠잠히 젖어 든다.

맛과 향으로 차를 마시지만 멋으로도 마신다고 한다. 더러는 도로 마신다고 한다. 그러나 나는 느낌으로 마신다. 찻물이 찻잔 속으로 스미는 빛깔이 좋다. 스며드는 찻물처럼 그리움이 밀려온다. 인간의 원초적인 그리움이다. 차는 정(情)으로 마시는 것이 분명하다.

찻잔 속에 내가 있고 마음을 녹여내지만, 그 안에는 그리운 이들이 있고 내가 사는 땅이 있다. 오늘 마시는 막사발에는 세상이 있다. 세상을 온통 달여 내리는 한잔의 여유가 있다.

입춘대길

 양지바른 물가에 봄기운이 맴돈다. 나뭇가지마다 연노랑 빛이 감돈다. 생명은 이렇게 다시 피고 대물림한다. 또 얼마의 키를 키우고 숲을 이룰까? 누군가 유심히 봐주지 않아도 저절로 피어나고 자라는 모습이 신묘막측하다.
 올해는 유달리 추웠지만, 며칠 포근한 날씨에 얼었던 개울이 녹아내린다. 한차례 봄비가 언 땅을 녹이고 있다. 봄은 남모르게 피어오른다.
 입춘이 코앞이다. 조상님들이 정해놓은 절기를 보면 지혜가 대단하다. 농사꾼들은 절기에 따라 씨앗을 뿌리고 김을 매고 수확을 한다. 범사에 때와 기한이 있다는 말씀에 힘을 얻는다.
 논밭에 두엄을 내는 농부의 손길을 바라본다. 겨우내 발효되었던 두엄을 실어낸다. 짐승의 배설물까지도 버릴 것이 없었다. 잿간의 재를 내고 인분을 퍼내어 두엄을 만들었다. 지나가는 이마다 코를 막곤 했다. 그러나 농사꾼들에게는 향기로운 냄새가 된다. 무서리 내리는 논밭에서 구수한 냄새가 피어났다. 평생 일궈온 논밭에 대한 애정이며 한해 농사에 대한 기대와 소망이 되었다.
 입춘대길, 겨울옷을 벗어버리자. 강추위도 잊어버리고 겨우내 쌓인 먼지도 털어버리자. 마음 밑바닥에 가라앉은 옹이도 던져 버리자.

봄이다. 두엄을 내는 심정으로 서로를 바라보자.

농부의 마음

 농부에게 가장 큰 기쁨은 추수다. 들녘을 바라보며 흐뭇해한다. 겨우내 거름을 내고 이른 봄에 씨앗을 뿌린다. 여름에는 쉴 틈 없이 김을 매고 잡초를 뽑아준다. 열매를 수확하기까지 노심초사할 수밖에 없다. 여름 장마와 태풍에도 물꼬를 여닫아야 한다. 새벽에 논밭으로 나가 살펴야 한다.
 곡식을 거두어 곳간에 들이기까지 안심할 수 없다. 가을 태풍이라도 몰아치면 헛농사가 될 수 있다. 어느 해에는 가을장마와 태풍이 왔었다. 물에 잠긴 곡식이 싹이 날 정도였다. 농부의 마음이 얼마나 아팠을까.
 아무리 농부가 노력해도 하늘이 도와야 한다. 추수하기까지 과정을 보면 작은 열매에도 감사하지 않을 수 없다. 그래서 옛 조상들은 하늘신께 제사하였다. 조상신이 복을 준 것으로 생각해 제사했다.
 우리는 열심히 경영해야 한다. 그러면 열매를 주시는 분은 하나님이다. 하나님께서 은혜를 내리시지 않으면 사람의 수고가 헛것이 된다.
 감사절은 하나님께 감사와 영광을 올려드리는 절기다. 우리에게 이루신 것으로 세계 열방의 필요를 채우게 하신다.

영혼 추수도 그렇다. 농부의 심정으로 열심히 해야 한다. 노심초사하는 마음이 있어야 한다. 하나님은 그때부터 일하신다. 수고와 땀 흘리는 과정 가운데 일하신다. 그 열매를 원하시기 때문에 반드시 결실하게 하신다.

당신이 하나님의 자녀가 되었듯이 누군가가 당신을 통해서 또 하나의 알곡으로 열매 맺기를 기도한다.

소확행

소소한 것들에 확실한 행복이 있다고 한다. 큰 농사 짓는 농부들은 일도 많고 근심도 많다. 농사를 포기하는 사람들을 보면 수확의 기쁨보다는 고생이 크기 때문이다. 소득도 시원찮고 씨앗 값도 만만찮아 낙심이 이만저만 아닐 때 포기하는 것이다.

작은 텃밭을 일구기 시작했다. 고추, 가지, 토마토, 상추, 쑥갓, 참나물 등등. 올봄 친구로부터 더덕 뿌리를 얻었다. 제법 싹이 자라고 넝쿨이 올라올 정도가 되었다. 그런데 고라니가 더덕 새순을 잘라먹고 말았다. 괘씸하기 짝이 없는 놈. 고라니 편에서는 어렵게 발견한 별미겠지만 나는 억울했다.

그저께 들른 텃밭에서는 절망이 깊어졌다. 고추가 막 열리는 중이었는데 고춧대만 앙상하게 남아있었다. 초토화된 지경이었다. 해마다 고추농사가 잘돼서 이웃에 나눠주기까지 했는데 금년엔 고추를 다 망쳐버렸다. 이놈의 고라니 새끼를 어떻게 때려잡지? 고라니에 대한 분노가 치밀어 올랐다.

고라니는 본능에 충실했다. 웬 떡이냐고 쾌재를 불렀을 것이다. 아무도 없는 텃밭에서 만찬을 즐겼을 것이다. 감사했을 것이다. 더덕 향기에 끌려왔더니만 연하고 상큼한 고추까지 웬 횡재, 했을 것이다.

고라니 생각을 하다가 갑자기 행복해졌다. 됐다, 그놈이 즐겼으니 됐다. 그놈을 위한 소확행이라고 생각하니 소확행의 강한 전염성에 그만 됐다 싶었다.

농사꾼

4월은 잔인한 달이라고 했다. 과연 그럴까? 마른 가지에 새싹이 움트고 얼었던 땅이 녹고 있다. 땅이 꿈틀대는 부활의 계절이다. 사람의 마음에 희망을 주는 계절이다.

마지막 남은 하루라도 힘을 내고 기대하자. 5월의 여왕이 내게로 달려오는 것이다. 더 늦기 전에 여름을 준비하고 가을에 수확을 기대하자.

가정을 가꾸는 것이나 교회를 돌보는 것이나 다르지 않다. 열매를 수확하느냐는 것인데 저절로 열매가 맺히는 건 아니다. 씨 뿌리는 수고와 김을 매는 더위를 감당해야 한다. 농부는 노심초사해야 한다. 일손이 부족한 겨울에도 두엄 낼 걱정을 하고 한 해 농사를 계획해야 한다.

농부는 생략이 없다. 일을 뛰어넘으면 충실한 열매를 거둘 수가 없기 때문이다. 오늘의 눈물과 땀이 내일의 열매가 된다. 이마에서 떨어지는 땀방울이 열매의 맛이 된다. 그 나무 그늘 아래로 사람들이 모이게 마련이다. 지금 한 그루 심었다면 한참 돌보면서 기다려주어야 한다.

오늘도 나무를 심는 심정으로 들녘을 본다. 농부의 마음으로 서로를 바라보자. 5월의 여왕이 눈앞에 다가오고 있다. 인생의 겨울을 무난하게 지나려면 오늘 믿음의 씨앗을 뿌리고 고생의 김을 매어야 한다. 우리 함께 농사꾼이 되지 않겠나? 당신이 함께하는 즐거움을 기대한다.

어떤 사람

15년이나 몸 붙여 살던 동네를 낯선 듯 들여다보았다. 담벼락을 타고 오르는 덩굴장미가 빨갛게 타오르고 있었다. 뿌연 오후에 화사하게 피어있는 장미, 흐린 탓에 오히려 더 밝은 꽃을 보면서 많은 생각이 들었다.

사람도 마찬가지일 것이다. 항상 좋은 일에 좋은 사람보다도 궂은일에 좋은 사람이 되어 5월 장미처럼 될 수 있는 사람이야말로 세상을 아름답게 만드는 사람일 것이다.

행복해하는 사람들 틈새에서 웃음을 주는 사람보다 슬퍼하는 사람들 사이에서 웃음을 줄 수 있는 사람이 더욱 아름다운 사람이다. 꾸리꾸리한 오후의 장미처럼 누군가의 흐린 마음속에 한 송이 장미처럼 피어오를 수 있는 사람, 힘을 다하여 담을 타고 오르며 웃는 장미처럼, 최선의 모습으로 다가서서 그 사람을 돋보이게 해줄 수 있는 사람, 어떠한 자리에서도 탓하지 않고 자기를 성장 성숙시키는 사람은 참으로 아름답다.

장미꽃 한 송이에서 많은 사람을 보았다. 그중에 나 자신도 보았다. 어떠한 사람이 되기보다 거기 있음으로 그곳을 밝힐 수 있는 사람이 되는 것. 그것은 한 송이 꽃으로 피어나는 것임을 깨달았다.

내 곁에 있는 그대 가슴에 한 송이 꽃으로 피어오르고 싶은 욕심이 생긴다. 그대의 마음 담벼락을 타고 올라 피어오르는 장미가 되고 싶다. 그 담벼락에 피는 장미처럼 언제나 그대 마음 벽을 밝히고 싶은 것이다.

모내기

겨울이 엊그제였나 싶은데 봄 지나 여름이 성큼 다가선다. 어느새 들녘에는 모내기가 시작이다.

옛 어른들은 이맘때야말로 춘궁기라 해서 물이라도 실컷 마셔대야 겨우 허기를 면할 수 있었다. 보리타작을 한다지만 흔한 양식이 되지도 못했다. 겨우내 빌려 먹은 양식을 갚고 나면 남은 것이 없었다. 아무리 그래도 볍씨만큼은 축내지 않았다. 눈앞에 굶어 지친 부모와 자식이 있어도 볍씨에는 온 식구들의 목숨이 달려있기 때문이다.

볍씨를 모판에 내는 것은 희망을 뿌리는 일이다. 며칠 굶었어도 주리지 않을 기대를 뿌리는 것이다. 모판에서 파란 새싹들이 자라는 것을 보면서 농부는 희망을 함께 키워 올린다. 벌써 배가 부르다.

손으로 일일이 모를 쳐내고 무논에 모내기할 때 마을 사람들 모두 두레가 되어 함께 희망을 심는다. 올해는 좀 기대해도 되려나 하는데 가을비가 내린다. 햇볕이 내려야 풍년이 들 수 있다.

풍년인가 싶었으나 가을 태풍 한 방에 그해 농사를 망친 때도 있다. 수확해서 논 위에 볏단을 말리지만 어쩌다 또 비가 내리고 나면 반타작밖에 할 수가 없다. 이래저래 농부의 수심은 깊어간다. 하지만 모를 낼 때만큼 희망을 버리지 않는다. 논에는 노래가 있고 젖은 논두렁에 걸터앉아서 점심을 먹고 또 참을 먹다 보면 사람 사는 정이 깊어진다.

  아이들은 자라고 씀씀이는 커진다지만 금년 한 해 농사만 별 탈 없이 잘되면 그런대로 자식 건사 하나만은 괜찮을 듯싶었다. 비가 오나 바람이 부나 농부의 마음은 벼와 함께 논에서 자랐다.

겨울 채비

 겨울이 오고 있다. 사람들은 두꺼운 옷으로 갈아입는다. 우리가 몸을 보호하기 위해 겨울 채비를 하듯이 나무들도 겨울 채비를 한다.
 길가 가로수들이 나뭇잎을 버린다. 앙상한 가지가 찬 바람에 흔들린다. 나무들은 옷을 벗고 겨울을 준비한다. 최대한 가볍게 무장한다. 그것은 겨울을 살아내기 위한 나무의 본능이다.
 이른 봄이면 새순을 밀어내는 가지를 보면 얼마나 신비한가. 마른 가지를 가르고 꽃을 피워내는 봄의 전령 앞에 우리는 걸음을 멈추고 감탄한다.
 겨울이 깊어지기 전에 자신을 살펴보자. 살아남기 위해 내가 해야 할 일은 무엇인가. 준비하지 못하면 인생의 모진 겨울을 견디지 못하기 때문이다. 당신의 겨울을 위해 채비를 서두르자.

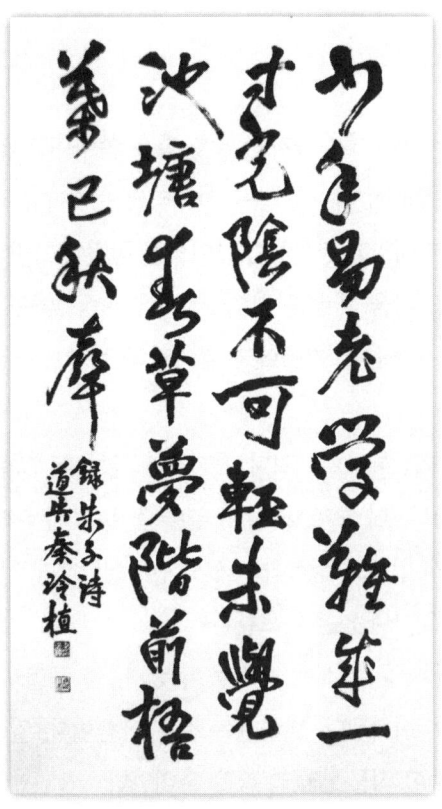

〈소년이노학난성〉 주자의 시

소년은 늙기 쉽고 학문은 이루기 어려우니
한 순간의 시간이라도 가벼이 여겨서는 아니된다
연못가의 봄풀은 아직 깨어나지도 못했는데
뜰앞의 오동나무는 벌써 가을을 알리는구나

미리 켜는 기지개

 풀섶에서 메뚜기가 마지막 남은 힘을 쏟아내고 있다. 살아남기 위한 몸부림이 아니라 봄을 기다리는 몸짓이다. 가을이 깊어지면 서리가 내리고 전설처럼 살아있는 몸짓이 그립다.
 사람들도 겨울 채비를 한다. 예전에는 등 따습고 배부르면 좋아했다. 요즈음은 겨울에도 부지런해야 먹고사는 시대가 되었다.
 어떻게 보면 하루살이보다 못한 날도 많은데 그날을 안고 골머리를 앓고 있나 보다. 사람이 얼마를 살든 하루처럼 살면 되는데 다르게 살려고 생각하고 시도하다 실망하게 된다. 삶과 다투는 일도 얼마나 많은지 모른다.
 창가에 얹어둔 분재에도 가을이 왔다. 한 해를 더 살아내기 위한 버림이 시작된다. 버린다는 것은 아픔이다. 잎을 내려놓고 꽃을 내려놓고 식물은 미리 봄을 준비한다.
 내게도 한 껍질을 벗겨내고 새롭게 덧입어야 한다. 나이테가 늘어날수록 사람은 철이 들어야 한다. 세월을 탓하지 말고 연륜에 대한 마음 자세가 있어야 한다.
 한 마리 메뚜기가 떨고 있다. 자신이 죽어 새로 태어날 봄을 향한 세레나데다. 또 다른 생명을 잉태하는 과정이다.

된서리 내리는 계절, 또 다른 기지개를 켜고 싶다. 소망을 위하여 나를 희생시킬 때 찬란한 봄을 맞이할 것이기 때문이다.

절반의 성공과 또 다른 찻잔

　한해의 절반이 꺾였다. 그 절반이 성공이냐, 실패냐를 두고 희비가 엇갈린다. 나머지 절반이 있으므로 새로운 기회가 있어서 감사가 된다. 절반을 최선 다해 고지에 닿을 수 있다면 되는 것이다.

　그 나머지 절반의 기회와 성공에 대한 믿음의 문제일 것이다. 누가 뭐래도 나머지 절반은 성공할 것이다. 내 안에 계신 그분에게는 결코 실패가 없기 때문이다.

　절반의 성공을 기대하면서 그토록 감사할 수 있는지 곰곰이 생각해 보았다. 눈에 띄는 성공은 없어도 흐트러지지 않은 일상이 무엇보다 감사하다.

　의자를 사이에 두고 책상이 둘 있다. 성경을 묵상하고 설교 준비하는 곳이다. 내게는 또 하나의 세계를 여는 장소다. 하늘이 열리는 곳이기도 하다.

　회전의자를 돌려 앉으면 차를 달여 내릴 수 있다. 찻사발 하나하나에 정이 들었다. 차심으로 가득한 찻잔을 만지작거리는 즐거움이 새롭다. 손길 닿고 눈길 닿을 때마다 내겐 또 다른 쉼이 된다.

　성공이란 무엇일까? 내겐 차 한 잔의 행복이 절반의 성공이라

여긴다. 누군가에게 차 한 잔 건네면 절반에 넘쳐흐르는 행복이 있다. 오늘 같은 날에는 당신과 절반의 성공을 나누고 싶다. 그 절반의 자리를 위하여 잔 하나를 따뜻하게 데워본다.

다정 茶情

　찻잎을 덖는 할머니, 이마에 땀방울이 맺혔다. 무쇠솥에서 피어나는 찻잎의 기운이 무겁다. 벌써 20년이 넘게 찻잎과 함께 왔다고 했다. 그 손끝에서 다향이 배어 나온다고 생각하니 차 한 잔에도 정성이 대단하다.

　산허리에 널린 찻잎을 삶아 한 대접 마시고 나면 감기 기운이 다 달아났다던 하동차다. 차가 상품화되면서 효자나무가 되어 식구를 먹여 살린다고 했다.

　아무리 힘들어도 한철 농사일이라 일손을 멈출 수 없다고 한다. 잠을 설치면서도 찻잎을 덖어야 한해를 탈 없이 지낼 수 있다고 했다.

　가파른 산비탈, 찻잎을 따는 여인들이 줄지어 있다. 녹차밭에서 일하면 피부가 상하지 않는다고 한다. 녹차를 덖는 피부는 새악시 피부처럼 곱다.

　차를 마시는 여유는 난폭하지 않다. 요란하지 않다. 여유가 번진다. 다정다감(多情多感)이라는 말이 다정다감(茶情茶感)으로 들린다.

　이른 아침, 식전이지만 길손에게 차 한 잔 달여 내는 인심이 있다. 세상을 이긴 여유가 여기에도 있었다.

승자의 여유를 찾아 떠나는 여행은 우려낸 찻잔에 있다. 나그네의 설움까지 녹여 마신다. 그곳에 머물고 싶은 다정을 그리워할 것이다. 다시 빈 찻잔을 데운다.

꼭짓점

아무리 좋은 차茶가 있어도, 아무리 좋은 물이 있어도, 멋진 다관을 준비한다 해도 누구와 마주하여 나누느냐가 중요하다. 여행 또한 마찬가지다. 차 한 잔의 여유를 가질 수 없을 정도의 바쁨에 대해 생각해 본다. 어쩌면 자기 욕심이 강하기 때문이 아닐까?

여행의 여유란 그저 되는 것이 아니다. 철저한 계획과 준비가 필요하다. 일상을 잠시 내려놓는다는 것은 자기를 비워내는 것이다.

아무리 좋은 장소, 아무리 좋은 음식과 좋은 호텔에서도 누구와 함께하느냐 중요하다. 함께 그 여유를 즐길 수 있는 느긋함이 있어야 한다. 생각마저도 비워내고 아무 생각 없이 풍광을 바라보는 순간은 인생에서 얼마나 있을까?

열흘 동안 순례의 길, 광야와 돌산을 돌아 역사의 현장을 밟아보는 의미가 깊다. 주님께서 가셨던 자리에 서 있는 감격으로 벅차다.

오늘 우리가 서로 마주 보고 있는 행복, 여행의 한순간이 된다. 순례길의 꼭짓점이 된다. 그곳에 너와 내가 함께 함으로 새로운 성지를 만들어간다. 복에 복이 된다.

누군가 지금 이 꼭짓점에서 너와 나를 기억한다면 그만한 행복이 어디 있겠는가. 그날의 너와 내가 주인공이 될 수 있다면….

차 한 잔

국민일보 미션라이프 1면 전면에 기사가 났다. 그리 자랑할 것도 못 되는 차 한 잔 나누는 이야기가 화두가 되었다. 일순 전국적인 스타가 되고 말았다.

나의 차 한 잔까지 중앙지에 날 정도면 그만큼 살맛 나지 않는 세상이라는 뜻 일 게다. 차 한 잔 나눌 여유를 이리 크게 기사화 하다니 말이다. 막론하고 문제는 차 한 잔 나눌 사람이 없다는 것이다.

차 한 잔에 자기를 내려놓을 수 있다. 맑은 찻잔의 고요는 세상 시름을 잊게 한다. 따스한 한 모금은 가슴의 옹이를 녹여 내린다. 차 한 잔 달여 내면 그 맛과 향이 다름에서 나를 찾게 된다. 나와 다른 이웃을 만나게 된다. 더러 찻잔 속에 시가 익어가고 철학이 꽃핀다.

결국 정 하나로 사는 세상인데 정 붙이지 못한다면 살맛을 빼앗기게 된다. 예전에야 미운 정으로 한평생 살았다지만 요즘에야 어디 그런가? 미운 정은 정이 아니다. 고운 정으로야 한평생 살 수 있다.

차 한 잔으로 서로 고운 정 깃들어 가시길 바라는 마음으로 오늘도 맑은 물을 받아 차를 달인다. 우린다.

자연을 따라

회색빛 도시, 시멘트와 쇠로 지어진 건물, 아스팔트 포장도로, 쌩쌩 달리는 자동차. 정신없이 달리는 문명과 저마다 화려한 문화. 즐비한 볼거리와 꽉 들어찬 먹거리가 있다. 그런데도 행복하지 않다고 아우성이다.

텃밭을 일구느라 며칠 삽질을 했다. 기껏해야 한두 시간씩인데 허리를 펴지도 못할 정도다. 아버지는 해종일 삽질을 하시고 등짐을 지셨는데 어떻게 그리 견뎌오셨을까. 적기를 놓치지 않기 위해서였을까.

씨앗을 뿌릴 때, 김을 맬 때가 있다. 두엄을 준비할 때가 있고 거름을 낼 때가 있다. 때에 따라 심을 채소가 있다. 자연을 따라 사는 것이다.

자연을 떠나 만들어 낸 행복은 계속 리모델링이 필요해서 피곤하기만 할 뿐이다.

고려청자

어쩌다 손에 들어온 작은 청자 잔이 있다. 은은한 속살을 들어낸 여인의 가슴처럼 설레게 한다. 교과서를 통해서 알았던 청자지만 첫 만남이 예사롭지 않다.

맑은 차 한 잔을 달여 내린다. 비취에 담긴 마음을 들켜버렸다. 연파란 마음의 일렁임이었다. 숨소리조차 잠잠한 한순간의 적막함이 역사를 잊게 하였다. 나도 모르게 나는 고려인이 되어 있었다.

차 한 잔을 마시는 것이 아니라 나는 역사를 마시고 있었다. 역사의 흥망성쇠와 상관없이 그저 우매한 평민이 되어 역사의 뒤안길을 가고 있었다.

속쓰림도 배탈도 없다. 마셔버린 빈 잔에 누군가 또 잔을 채울 것이다. 오래전에 누군가 그래왔듯이 잔을 채우는 손길이 있을 것이다.

그러고 보니 사람은 언젠가 가고 나도 갈 것이다. 남은 것은 비취빛 설레임 뿐이다. 어느 남은 자가 이 청자에 차를 마실까?

또 한 잔의 차를 달여 내린다. 세 치 정도의 크기지만 호수가 되고 바다가 된다. 내가 차를 마시는 게 아니라 호수에 내가 잠긴다. 오장육부로 따스한 말씀이 스며든다.

찻잔 하나가 수백 년을 지나왔듯이 누구의 손에서 또 다른 역사를 마시고 시간을 마시리라. 청자는 여전히 은은한 비췻빛으로 침묵하리라.

나는 내가 아니라 찻잔이 된다. 사랑하는 그분을 위해 빛깔을 잃지 않는 찻잔이면 좋겠다. 그분께 우전 한 잔을 달려 올리고 싶다. 두 손 가득 고려청자를 드린다.

나비효과

　때때로 비바람은 큰 재해를 가져온다. 요즘 장맛비가 장대같이 내린다. 홍수 피해도 늘어나고 있다. 그러나 단비를 기다리는 초목들이 있다. 하늘은 이른 비와 늦은 비를 주는데 사람들은 호들갑이다.
　홍수가 나면 농경지가 침수되거나 유실된다. 한해 농사를 건너뛰어야 한다. 태풍이 겹치게 되면 그동안 쌓아 놓은 것이 초토화되기도 한다. 심지어 사람마저도 희생당하기도 한다. 그래서 재난이라고 한다.
　한반도를 지나가는 태풍은 해마다 서른 개가 넘는다고 한다. 태풍에 붙이는 이름은 여성명사다. 그래서인지 집안의 태풍의 핵은 여자가 된다.
　장맛비와 태풍이 사람들에게는 피해를 주지만 생태계 전체를 보면 아주 좋은 것이란다. 바닷물은 뒤집혀서 미네랄과 산소의 양을 풍부하게 한다. 물고기의 보금자리에 새로운 환경을 만들어 준다. 더 나은 풍요를 가져다준다.
　유독 사람만은 피해 가려고 한다. 썩는 줄도 모르고 쌓아두려고 한다. 무너지는 줄도 모르고 쌓아 올리려고 한다. 터지는 줄도 모르고 밀어 넣고 있다. 스스로 재앙을 만드는 것이다.

나비 한 마리의 날갯짓이 큰 태풍이 될 수 있다는 나비효과를 기대한다. 이 시간 당신의 몸짓 하나로 역사는 달라질 수 있다.

그 뜻?

태풍 지나가는 소리에 나라가 초긴장이다. 태풍은 그저 스쳐 갈 뿐인데 피해는 대단하다. 하늘은 하늘의 뜻을 따라 되고 땅은 땅의 뜻을 따라 되어간다. 바다 또한 바다의 뜻을 따라 잔잔하기도 하고 뒤집어지기도 한다. 미물도 그 뜻을 따라 한평생 살다가 흔적 없이 사라진다. 숲속 매미는 요란한 태풍 소식에 젖은 날개를 들어 올릴 힘조차 없어 보이는데 어디 저장해둔 소린지 천지를 진동시킨다. 매미의 뜻이다.

사람 또한 각자의 뜻대로 산다. 어떤 옷을 입었냐에 따라 달라진다. 남달라 보인다. 사랑받고 존경받고 미움받고 멸시를 받기도 한다.

그런데 그 뜻이 무엇일까. 그 뜻이 무엇을 뜻할까. 참으로 궁금해진다. 그 뜻은 도대체 어디서 나오는 것인지 궁금해진다. 나는 아직 그 뜻을 찾아가는 중이다.

베짱이

무거운 짐을 털어내기 위해 기도원에 다녀왔다. 새로운 것들을 시작해야 하고 넘겨야 한다는 부담감이 있었다. 주님 앞에서 푸념하는 것도 내게는 큰 위로가 되었다. 지금까지 그렇듯이 내가 할 수 있는 일은 별로 없었다. 먹고, 싸고, 자고 이런 일상 외에는 뭔가 대단한 것이 없다. 있다면 모두가 주님의 은혜였다. 그래서 조용히 무릎을 꿇는다.

솔가지에서 솔잎이 진다. 잡목 숲에는 낙엽이 쌓인다. 겨울을 준비하는 나무를 보면서 나의 한해를 기대한다.

어디서 왔는지 베짱이 한 마리, 밟힐 뻔했다. 여름 내내 배짱 좋게 노래만 하다가 겨울 준비 못 한 동화 속의 그 모습이었다. 철모르는 녀석이 여기 또 있구나! 생각하니 마음이 답답하다.

그 녀석이 내 옷섶에 붙어왔는지 숙소에 따라왔다. 따스한 밤을 함께 보낼 작정이다. 오늘 나와 밤을 잘 견뎌보자. 베짱아!

베짱이 울음이 나와 오버랩 된다. 지금 내가 배짱부릴 때가 아니다. 베짱이의 모습이 되지 않도록 성실하신 주님을 닮아야 하리.

결실의 이유

  농사를 지어보면 안다. 씨앗을 심고 싹이 트면 잡초들이 키재기라도 하듯 같이 자란다. 그때 잡초를 뽑아내지 않으면 온통 잡초밭이 되고 만다. 부지런히 잡초를 뽑아내야 한다. 하루, 아니 한나절이 무섭게 잡초가 자란다.

  채소들이 자라기 시작하면 잡초가 기운을 쓰지 못한다. 채소들이 밭을 덮으면 더 이상 잡초 걱정을 하지 않아도 된다.

  착한 사람이 많은 곳에는 악한 사람이 기를 펼 수가 없다. 그렇다고 악이 모두 도망가는 것은 아니다. 언제나 보이지 않는 곳에서 웅크리고 있다. 악한 사람이 득세하면 착한 사람은 잘 보이지 않는다.

  어떤 사람이 악의 쓴 뿌리가 되는 걸까? 그것은 간단하다. 자기 의를 주장하는 사람이다. 합당한 말인 것 같으나 전체를 보면 잘못된 경우가 많다. 파괴자가 될 수도 있다.

  우리 교회에는 착한 사람이 많다. 착한 능력자가 많다. 뜨거운 여름이 지나면 옹골찬 결실을 거둘 것이다.

제 4 부

밥 짓는 마음

행복을 주는 사람
편돌이
가마솥에 밥 한 그릇
가족
행복한 아픔
호랑이 할매
도둑 이야기
빨강머리
본능의 색깔
가출
어머니
애비

지게꾼
연탄길
옥양목 수건
언제 철들라나
아기가 아기를 낳다
아버지의 사랑과 은혜
밥 짓는 마음
몽당연필
송화와 장독
맞춤식 목사
자기다움

행복을 주는 사람

　행복을 주는 목사가 되길 원한다. "진 목사를 만나면 행복해집니다." 입버릇처럼 외운다. 만나는 사람에게 첫인상으로 남기는 메시지다. 어느새 이것이 내 믿음이 되었다. 믿음으로 선포하니 회복되고 변화되고 있음을 목격하게 된다.
　내 안에 계신 만복의 근원이신 하나님과 복덩이로 임하신 예수님, 그 복을 가능케 하시는 성령님의 역사가 있음을 감사하다. 내가 복의 통로가 될 수 있음에 감사하다.
　잠시 짬을 내어 아내와 드라이브를 즐길 수 있었다. 지나는 길목에서 주님의 사람을 만나게 하셨다. 지난 5월에 결혼한 새댁이 남편과 한적한 시골에 둥지를 틀었다. 두어 시간이지만 새댁을 위로할 수 있었고 주님을 나눌 수 있었다.
　언제 어디서든 주님 마음으로 다가갈 수 있다면 내 작은 위로가 주님의 위로로 그들을 위로할 수 있기를 바란다. 그것이 사역의 보람이요, 부르심의 길이라고 굳게 믿는다.
　생활환경으로 교회와 멀어져서 아파하는 이들을 만나면 책망보다 주님의 위로가 넘쳐서 그들이 새 힘을 얻고 현실을 극복하기를 기도한다.

편돌이

　나를 소개하자 한 사람이 내 손을 잡고 놓아주지 않는다. "방송에 나오시는 그 분 맞죠? 이렇게 가까이에서 뵙다니 믿어지지 않습니다."

　그 옆에 있던 좀 정신 나간 듯한 한 사람도 내 손을 잡고 놓아주려 하지 않는다. 이래서 사람은 자기 분수를 잊어버리고 날뛰게 되나 보다. 많은 사람의 관심을 받다 보면 자기가 무슨 대단한 사람이 된 양 스타의식이 발동하나 보다.

　"못생겨서 죄송해요."라던 한 코메디언이 생각난다. 차라리 내 모습을 보이지 않고 목소리로만 남았어야 했는데 못난 모습을 보여주고 나니, 아니 들키고 나니 실망스럽지나 않았을까 염려가 든다. 그래도 잡은 손을 쉬 놓아주지 않는 걸 보니 안도가 되기도 한다. 누군가를 편들어 주기 원하여 '편돌이'라 이름하고 보니 내 안에 하나님은 이미 예전부터 언제나 내 편이셨다. 하나님이 그러시듯 나도 얼굴을 마주할 수는 없지만 목소리라도 누군가의 편을 들어주어야겠다고 다짐했다.

　'출발 새 아침'에 힘겨운 하루를 시작하는 사람들을 위해 작은 받침이 되고 싶다. 나 편돌이의 생각이 갸륵하지 않는가. 내 안에 계신 그분과 함께 그대를 편들어 주는 편돌이가 되고 싶다.

가마솥에 밥 한 그릇

　없던 살림에 어머니는 언제나 밥을 한두 그릇씩 남겨 두셨다. "손 큰 며느리 살림 말아먹겠네."라는 말로 퇴박을 맞아도 어머니의 습관은 고쳐지지 않았다. 겨울날 숭늉 끓여낸 가마솥에 있는 밥 두어 그릇은 아침까지도 따뜻했다.

　쌀이 귀하던 시절이었다. 보리쌀을 삶아 소쿠리에 담아 툇마루에 걸어두면 꽁꽁 얼 때도 있었다. 막내 형이 배고픈 동지섣달 밤을 견디지 못하고 몰래 삶은 보리쌀을 훔쳐 먹다가 이른 아침부터 부지깽이로 된통 혼난 적이 있다.

　기다리던 밤이 되었다. 솥뚜껑을 열면 정지문 사이로 시큼한 보리밥 냄새가 방 안으로 뭉게구름 되어 밀려왔다. 쌀밥 먹기는 글렀다. 할머니께서 아랫목을 차지하고 앉아계셨다. 할머니와 아버지는 겸상, 자식새끼들은 나무밥상에 둘러앉아서 밥을 먹기 시작했다. 내 눈은 자꾸만 아버지의 밥상으로 갔다. 아버지가 한 숟가락 남겨 주시면 쟁탈전이 일어났다. 결국 막내인 내 차지가 되고 하얀 쌀밥 한 숟가락으로 행복해졌다.

　가마솥에 남겨진 밥에는 언제나 쌀이 섞여 있었다. 이건 지나가는 나그네를 위한 밥이었다. 방물장수 아주머니는 동지섣달 한밤중에도 찾아왔다. 동동구루무 장수 아저씨는 시도 때도 없이 지나쳤다. 그럴 때마다 어김없이 어머니는 가마솥을 열어 밥을 내어 오셨다. 아버지는 덩달아 군불을 지피셨다.

  인도인 형제가 사무실에서 기다리고 있다. 기억도 가물가물한 5년 전 이야기를 한다. 울산에 취업하러 왔다가 여권과 지갑을 잃어버렸던 일이었다. 그때 내가 먹여주고 재워줬던 기억이 어슴푸레 나긴 난다. 형제가 인도로 돌아가 농사짓다가 다시 한국으로 왔는데 일자리를 구한다고 한다. 나는 또 이 형제가 잊지 않고 찾아와 준 것이 기특하다. 다시 먹여주고 재워주고 차표 끊어서 떠나보낸다. 그 옛날 엄마의 가마솥에 있던 밥그릇이 내 안에 다 들어와 있었던 모양이다.

가족

멀리 있어도 하나이고 가까이 있으면 더욱 든든한 관계가 가족이다. 함께 몇 시간씩 차를 타고 가도 지루하거나 피곤하지도 않는 편안함이 있다. 일상을 벗어나서 부대껴도 행복해질 수 있는 것이 또한 가족이다.

무엇을 먹든지 무슨 일을 하든지 때로 불만이 없을 수는 없겠지만, 그래도 결국에는 하나가 되는 것이 가족이다. 허물이 있어도 부끄럽지 않고 나무랄 일이 있을 때면 나무랄 수 있고 칭찬할 일 있으면 칭찬을 아끼지 않는 것도 가족이다. 형식이 없어도 무례하지 않다. 화가 나다가도 이해하려고 한다. 그래서 또 서로를 사랑하고 그리워하게 된다.

한솥밥, 한 냄비 찌개에 서로의 숟가락이 밥풀 달린 채로 들락거려도 불결하다고 토라질 리도 없다. 따로 상을 차리지 않아도 기분 나빠하지 않는다. 그러한 가족이기에 아름답다. 여기에 객이 끼게 되면 불편해지고 어려워진다. 보이지 않는 거리에 마음고생이 시작된다.

휴가철, 가족과 여행을 계획해 보라. 가까이 있음으로 더욱 든든해지는 가족의 하나됨을 만끽해 보심이 어떤가? 요 며칠 정말 가족이 소중함을 느낀다.

행복한 아픔

복통이 시작되자 그동안 기다리고 있던 부분들이 일어나 경쟁하듯 온몸을 고통스럽게 했다. 뒤틀려진 아픔과 흐트러져버린 마음에 결국 쓰러지고 말았다. 심야 기도시간이 다가오는데도 도저히 일어설 수가 없을 정도였다. 억지로 몸을 추슬러 기도에 나오긴 했지만 몸을 지탱하기조차 힘들었다. 형제들의 얼굴을 생각하며 힘을 내어봤다.

기도회를 마치고 예배당 입구 초록 네온이 비치는 교회 간판 앞에서 형제들을 마중하는데 한 형제가 다가왔다. 온몸에 숱한 말을 머금고 있었다. 네온에 비친 눈빛이 빗줄기와 함께 촉촉이 젖어있었다. 들릴 듯 말 듯 내게 전율 되어 오는 마음이 있었.

"죄송합니다. 저 때문에 병이 나셨네요."

그때 내 마음속에서 소리 없는 아우성이 들려왔다. '아, 나는 어찌 이다지도 행복한 사람인가?' 마음 같아서는 덥석 안고 한번 빙 돌고 싶었다. 하지만 다가온 손을 살며시 잡고 "그대 덕분에 행복하오."라는 말을 건넸다.

아픈 몸, 지친 마음에 양약이 무엇인지 알았다. 그대 아플 때 내 반드시 아픔을 쓸어내리는 손길이 되리라.

호랑이 할매

"아기를 낳아봤어야지!"

정치권에서 하는 이 말 한마디가 여러 가지 생각을 불러일으킨다. 자식을 낳아 길러보지 않고서는 부모를 이해할 수 없고 자식 양육에 대해 아무리 설명해도 설득력이 부족한 것은 사실이다.

버림당하는 부모들이 늘고 있다는데 이 또한 모시지 않아본 분들이야 별말 다 할 수 있겠나. 하지만 부모자식간의 관계가 예전처럼 그리 살갑지 않은 세태이고 보면 어느 누구도 먼저 돌을 던질 자신이 없지 않나.

내가 걸음마를 겨우 할 때쯤엔 산동네에서 살았다. 우리 집을 가운데 두고 한 집 건너 위로 큰집이 있고 뒷담 길 하나 사이에 두고 언덕 위에 작은집이 있었다. 윗대로 삼 형제가 한 마을 한 집 건너 살았다.

나에겐 그리 반갑지 않은 할머니가 계셨다. 어쩌면 그리도 정을 주지 않는 할머니이셨는지 모르겠다. 할아버지에 대한 기억도 그렇다. 큰집 사랑채에 언제나 긴 담뱃대를 빼끔거리시며 허리를 구부려야 드나들 수 있는 작은 문을 빼꼼히 열어놓고 계셨다. 나는 할아버지에게 한번 안긴 기억이 없다. 할아버지 할머니도 나에게 다정스러운 모습을 한 번도 보여주시지 않으셨다. 당시는 그것이 미덕이었는지 몰라도 별로 기억하고 싶지는 않다.

우리 할머니는 이웃들이 호랑이 할매라고 불렀다. 심사가 틀릴 때마다 우리 집에 오시곤 했다. 앞산 방구(너럭바위) 위에 두 다리 쭉 펴시고 큰아버지 작은아버지 이름을 불러가며 "요놈들아, 너거들도 얼마 안 남았데이!"라고 소리치셨다. 아마도 동네 사람들 들으라는 듯 한참이나 육두문자로 자식욕을 해댔다. 그러고선 어김없이 우리 집으로 오셨다. 그래도 우리 부모님은 효자이셨다. 할머니가 속내를 이야기할 수 있으셨고 분풀이라도 할 수 있으셨다.

지금 내 아이들이 저들의 할머니에게 살갑게 다가서는 모습을 보면 때로는 부럽다. 할머니의 거친 손길이 사랑인데 그마저도 식어버릴 때면 환영받지 못하는 애꿎은 아이가 되어버리고 마는 할머니. 아이보다 자기 것을 먼저 챙기는 욕심쟁이 못된 아기가 되어버리고 말까 봐 은근히 걱정이다.

지금 생각하면 그때 호랑이 할매는 심술궂은 아기셨다. 철든 사랑의 할매가 아니라 자식 사랑에 철이 다 빠져버린 심통할매였다. 서글픈 것은 내가 아직도 그 할매를 사랑으로 봐줄 수 없다는 것이다. 그래서 나 또한 철들지 못하고 나이 들어가고 있다. 내게도 우리 할매처럼 지금보다 더 철이 빠져나갈 그 날이 있을 것인데. "어떻게 살아야 하나, 할매요?"

도둑 이야기

하루 집을 비운 사이 허락하지도 않은 손님이 왔다 갔다. 문을 따고 들어와서 책상 서랍만 뒤졌다. 봉투 속에 든 얼마 되지 않는 헌금을 쏙쏙 빼내 갔다. 학위 수여 기념으로 만든 반지는 손가락에 끼고 갔나 보다. 그동안 외국 여행에서 수집해 둔 지폐까지 몽땅 털어갔다. 아프리카 어느 나라의 돈을 어디다 쓰려고 그러셨는지 모르겠다.

우울한 마음이 채 가시기도 전에 다음 날 아침에는 6년이나 정든 진돗개 '솔이'와 그의 강아지마저 데려가 버렸다. 드디어 집에 공포가 시작된 것이다.

그 도적 씨의 마음은 어떨까 궁금해진다. 왜 남의 것을 도적질해야 하는지 생각해 본다. 나도 혹시 누군가의 것을 슬쩍하지는 않았는지 생각해 본다. 도적 씨가 가져간 것보다 내가 이 세상의 주인인 그분의 것을 가로챈 것들이 더 많음에 새삼, 흠칫 놀란다.

잃어버리고 빼앗긴 것보다 내 것이라고 우기고 고집 피우고 몰래 빼냈던 것들이 셀 수도 없이 많다. 나는 그 도적 씨보다 한 수 위임을 인정한다. 세상이 눈을 뻔히 뜨고 있는데도 나는 훔쳐내는 선수 같다. 이 일을 어쩌면 좋을까?

길선주 목사
〈만사성취〉 중에서

천번 돌고 백만번 꺾어진
괴롭고 긴 어려운 길에
마침 부르는 소리가 있어
나를 앞으로 인도하는도다

빨강머리

 아주 보수적인 아내가 남편의 백설머리를 염색해 주었다. 세 시간을 인내하며 기다렸는데 노랑머리가 되고 말았다. 아들은 인도 버스기사 같다며 당장 다시 하라고 보챈다. 딸들도 이건 아니라며 머리를 절레절레 흔든다.
 민망해하는 아내가 두 번째 작품을 냈다. 이번에 빨강머리가 되었다. 누가 봐도 지나치다 싶다. 그런데 의외로 보기 좋다고 하는 사람들도 있다. 정작 거울에 비친 내 모습에 개성이 철철 넘쳐 보였다.
 얼마 후 미용사가 바이올렛 칼라로 염색을 해주었다. 눈부셨다. 정형화된 자기 모습에 어떤 변화를 준다는 것이 쾌감을 주기도 하고 살맛 나게 생기도 불어넣어 주었다.
 미국이나 유럽 사람들은 머리 색깔이 다양하다. 까만 머리 동양인을 오히려 웃긴 듯 바라본다. 까만 머리, 노랑머리, 빨강머리, 곱슬머리, 대머리들이 함께 어우러져 사는 모습을 보면 남들이야 어떻든 그대로 인정하면 그뿐이다. 멋으로 보지 않고 주책으로 바라본다면 그 사람의 인격마저도 신뢰하지 않게 된다.
 꼭 자기와 같아야 할 필요와 의무가 없다. 세상은 틀 속에 가두려는 속성이 있다. 모두 다른 사람들이 더불어 함께 신뢰와

존중으로 살면 되는 것을 괜히 트집 잡고 살며 찡그리고 있다.
부질없는 부분이라는 생각이 든다.

본능의 색깔

동물의 왕국에서 가장 흥미로운 것은 먹이 사냥이다. 약육강식의 투쟁은 피비린내 나는 전쟁이다. 한 치의 양보는 곧 죽음이다. 결국 힘이 승리한다. 배가 부른 포식자의 표정은 만족 위에 만족함이 그득하다.

집안에 애완견을 키우고 있다. 횟집에서 얻어 온 것인데 얼마 전까지만 해도 귀족들 사이에서만 길러왔다는 슈나우저 품종이다. 고품격 강아지다. 눈치가 빠르고 말도 잘 알아들어 때로는 섬뜩함마저 든다.

가족의 사랑을 독차지했다. 집안에 들어설 때마다 맨 먼저 달려 나와 매달린다. 짐승이라면 질겁하던 아내마저 이놈만은 예쁘게 봐준다. 문제는 먹잇감 앞에서 본능을 숨기지 않는다는 것이다. 예의를 알아야지, 하면서 그릇에 담아주면 허겁지겁 삼켜버린다. 동물의 본능은 어찌할 수 없는 모양이다.

사람은 어떤가. 본능을 좀 더 고상하게 포장하고 있을 뿐 이해관계에 서면 눈에 불을 켜고 돌변해 버리는 게 또한 사람이다. 먹이사슬에 얽혀 군림하기도 하고 비굴하게 굴기도 하고 교만하기도 한다. 겸손으로 가장하고 거들먹거리다가도 금방 꼬리 내린 강아지 꼴이 되기도 한다. 색깔만 다를 뿐이었다.

길선주 목사
〈만사성취〉 중에서

빛나고 빛난 성속에 성도들의 집에는
봄뜻이 다함이 없으매 즐거운 일이 많도다
영생 강물이 흐르고 흐르는 낮은
한 빛 유리가 만리에 물결이더라

가출

얼음이 녹아내리는 개울가에서 가출을 생각한다. 다섯 살 위 형이 중학교 다닐 때 집을 나갔다. 지금 생각해 보니 불량 학생이었다. 책을 팔아서 가방에 만화책을 넣고 다녔다. 어머니 쌈지에 손을 대고는 꾸중을 하지도 않았는데 가출해 버렸다.

어머니의 부지깽이가 통하지 않으면 아버지 지게 작대기가 작열했다. 형은 천성이 착했다. 단지 공부가 하기 싫은 이유 때문이었다. 놀기 좋아해서 수업 시간에 만화방에서 놀기 일쑤였다.

그런 형이 부러웠던 적이 있었다. 나도 한 번쯤 부모님 모르는 곳에서 숨어 지내고 싶었다. 가출을 마음먹고 친구 집에서 하룻밤을 지냈다. 말없이 나온 것이 마음을 눌렀다. 죄책감이었다. 다음 날 돌아온 아들을 보고 부모님은 그냥 크게 나무라지 않으셨다. 그러고 보니 지금까지 가출해 본 경험이 없다. 내 속에는 수없이 가출하고 싶었지만 실행하지는 못했다. 한 번쯤은 고삐를 끊어버리고 싶다. 일탈이라는 말이 달콤하다. 어기고 싶은 유혹이 아니라 벗어나고 싶은 충동이 있다.

겨우내 얼었던 개울이 녹고 있다. 한참 바라보다가 아무도 모르는 곳으로 가출하고 싶은 봄날의 욕망이 일어난다. 한 번도 그리하지 못했기에 마음이 요동한다. 언젠가 한 번쯤 꼭 가출하고 싶다.

어머니

 이른 아침 기차를 타고 가는데 아내에게서 문자가 왔다. "간 김에 어머님 뵙고 와야지요. 오늘이 어버이날이기도 하고요." 어버이날인 줄 모를 정도로 모든 것을 잊어버리고 산다.
 오후 늦은 시간이 되어서야 어머니를 찾아뵐 수 있었다. 아들이 온다는 기별만 와도 하루 종일 대문 앞에서 서성거리시는 어머니의 학수고대, 이리저리 넘보시며 시간 가는 줄 모르는 어머니. 아흔 넘은 어머니는 그야말로 독거노인이다. 젊어 고생한 탓인지 폐병으로 일평생 색색거리시며 가쁜 호흡으로 아들 보기에 간절하신 우리 어머니.

애비

 배가 고프다. 너무 고프다. 먹어도 먹어도 여전히 배가 고프다. 다리가 후들거리고 손이 떨린다. 헛구역질까지 난다. 눈은 초점을 잃어버렸다. 잃어버린 보석을 찾아야 하는데 보석은 사라졌다. 다 잃어버리고 다 빼앗겨버리고 속내만 끙끙거리다 고개를 숙인다. 잃고 빼앗기는 것이 차라리 후련할 거라고 생각했는데 착각이었다. 오산이었다.
 운다. 아무리 울어도 속이 시원하지 않다. 바싹바싹 마른침을 삼킨다. 목구멍에 걸린 감기약처럼 쓰다. 둥지를 떠나보낸 독수리의 마음이어야 하는데 그렇지 못하다. 한 걸음도 못 가서, 단 하룻밤도 지나지 못하고 내 마음이 찢겨버릴 것 같다. 그럼에도 둥지에서 내몰아야 한다.
 그나마 다행스러운 것은 둘이기 때문이다. 둘이 마음을 보태고 힘을 합치면 어떤 일도 해낼 것이다. 기력이 쇠하고 눈마저 침침해지는 애비보다는 기운이 철철 넘쳐나고 이글거리는 눈망울을 가진 제 신랑이 더 낫다.
 애비와 살날은 줄어들지만 신랑과 살날이 많은 게 다행이다. 그저 사랑하는 신랑과 손잡고 떠나가 버린 것이 다행이다. 누구보다도 제 투정을 들어줄 수 있는 신랑이라고 믿는다. 애비의 속살 대신 이제는 제 신랑의 속살을 파고들 것이다. 또 서럽다. 이렇게 떠나보내는 것이 사는 것인데 살날이 얼마 남지 않았다는 생각에 하늘복이 급해진다.

지게꾼

초등학교 4,5학년이 되면 집안 어른이 아들의 지게를 만들어 주었다. 산에서 땔감을 구해올 수 있도록, 들일도 거들 수 있도록. 자기 지게를 장만하는 날에는 어깨가 으쓱 올라갔다. 어느새 자라 어른들과 함께 지게 대열에 서게 되었다. 성인식보다 더 어마어마한 뿌듯함이 밀려왔다.

그때 후로 농부들은 일평생 지게를 짊어지고 살았다. 지게는 가족을 책임지는 도구이다. 생계뿐만 아니라 자식들을 위해 부지런히 지게 품을 팔아야 했다. 어른들은 지게와 함께 시들어갔다. 더 이상 지게를 질 수 없을 때면 기력이 쇠하여 희망 없는 사랑방 노인이 되고 말았다.

청년이 되고 철들어 처음으로 지게를 져 보았다. 알루미늄으로 제작된 것이라 가볍기는 했지만 나무지게만큼 편하지는 않았다. 겨울 땔감을 준비하는 것이었다. 이 정도쯤이야 하고 한 짐 잔뜩 짊어지는데 지게 작대기를 지렛대로 사용하고서도 일어설 수가 없었다. 마음을 비우자 겨우 대여섯 개 통나무를 짊어질 수 있었다. 이마에서 등허리를 거쳐 타고 내리는 땀이 바람에 식었다.

누구를 위한 지게질이냐고 불평이 콧잔등에 단내로 풍겨났다. 결국 겨울 따스한 군불을 지피기 위한 것이었다. 결국 나를 위한 것이고 내가 사랑하고 섬겨야 할 가족을 위한 것이었다. 이 사실을 알고 나니 나는 평생 지게꾼의 삶을 사는 것이 좋아졌다.

연탄길

 《연탄길》이 화장실에 꽂혀 있다. 화장실에 꽂혔다고 저자에게 미안하지는 않다. 이 세대에 가장 영감을 주는 헨리 나우웬의 책과 함께 나란히 꽂혀 있기 때문이다.
 화장실에 앉을 때마다 두 책 사이에서 잠시 고민한다. 무엇을 읽을까. 내 마음에 잔잔한 파도를 타고 세상으로 향하는 순수함의 글들이 가득 모여 있다. 이렇게도 아름다운 사람들이 살고 있는 하늘 아래라고 생각하니 아직은 살맛 나는 세상이다.
 아름다운 세상을 가꾸기 위한 민초들의 구석을 들여다볼 수 있어서 좋다. 나는 거기에 그리스도인이라는 이름으로 등장하고 싶다. 세상을 아름답게 엮어가는 그리스도인, 한 올의 씨실과 날실이 되어 한 올 한 올 한 폭의 베를 짜듯 한다면 언젠가 나는 추한 세상을 가릴 수 있을 거라는 기대감이 커진다.

옥양목 수건

한여름 땡볕을 이기지 못할 때였다. 어머니는 마당에 샘물을 한 두레박 퍼서 아버지께 등목을 해드렸다. 이제 어머니는 거동이 불편한데도 아버지 이야기만 나오면 옛 추억을 하나씩 불러내신다.
"두레박으로 올린 샘물이 어찌 그리 시원하든지 엎드린 등허리에 물을 쏟아부으면 기가 넘어가시더라. 여름나기로 최고였지."

아버지는 농사를 짓다가 저녁이 되어서야 집으로 돌아오셨다. 도중에 개울가에 도착하시면 멱을 감고 가자고 하셨다. 어린 자식 앞에서 벌거숭이가 되어 등짝을 보이셨는데 대단한 근육질을 가지고 계셨다. 그 등짐으로 오 남매를 건사하셨다.

어둑한 개울에서 어린 아들과 멱을 감던 아버지는 무슨 생각을 하셨을까. 다가와서 물장난 한 번 쳐주실 만도 한데 조용히 물속에만 계시다가 일어나 가자고 하셨다. 등 한번 쓱쓱 문질러주시고 얼굴 한 번 씻겨주시고 훌쩍거리는 코 한 번 풀어주시는 것이 전부였다. 온종일 땀을 닦아낸, 이미 걸레보다 못한 옥양목 수건을 개울에 빨아서 나를 쓰윽, 닦아주시면 끝이었다.

그 어린 아들이 아버지가 되었고 어느새 할아버지도 되었다. 젖고 때 묻고 땀내 나던 수건으로 이마에 흐르는 땀을 닦고 싶다. 아버지의 옥양목 수건이 오늘따라 유난히, 마냥 그립다.

언제 철들라나

성도들을 바라보는 목사의 마음은 철없는 자식을 보는 마음과 같다. 아비의 마음과 같다. 어느새 이렇게 훌쩍 커버렸는가. 대견한 마음이 들지만 걱정스러운 구석도 있어 노심초사한다.

재잘거리던 아이들의 모습이 좋았다. 자라고 나면 인사 한마디 하면 제 방으로 들어가 버린다. 이 녀석이 무엇을 하는지 궁금하다. 그래도 함부로 문을 열 수 없다. 문밖에서 귀를 기울이는 아비가 되었다.

그래도 워낙 예쁘고 착하고 성실하니까 믿음이 간다. 행여 엉뚱한 짓을 할까 하는 걱정도 있다. 못된 친구들하고 어울려 다른 길로 갈까 하는 염려도 있다.

구순 노모께서 잠든 방문을 살며시 열어본다. 그 모습 속에서 부모의 마음을 배워간다. 그러면서 지들끼리 문을 닫아놓고 킥킥거리는 모습이 행복하기도 하다. 한편으로는 섭섭해지기도 한다.

"니들도 애 낳고 키워봐야 알지..." 하시던 어머니. 어느덧 내가 나이 들어 철이 들면서 "언제 철들라나." 하는 푸념이 있다. 목양은 나를 철들게 하는 주님의 선이다.

아기가 아기를 낳다

둘째 딸이 아들을 낳았다. 아빠 눈에는 언제나 어린아이로 보이는 딸이다. 내가 할아버지가 되었다. 막상 아기를 품에 안고 보니 기쁨보다 서러움이 치밀어 오른다. 세상을 헤치고 살아야 할 일을 생각해서 그런 것이다. 그러나 하나님께서 주신 선물이고 감사할 일이다. 하늘의 뜻을 따라 살도록 양육해야 한다.

새 생명을 얻기 위해 애쓰는 딸을 보았다. 열심히 태교하는 딸을 지켜보았다. 모성애는 본능이다. 이미 한 세대가 지난 아내와 딸이 때아닌 충돌이 있다.

아내는 자녀를 양육한 경험이 있고 딸은 인터넷으로 양육의 지식을 찾는다. 경험에 익숙한 아내와 딸의 갈등이 재미있다. 삼 남매를 키운 아내가 한 수 위다. 열심히 태교한 딸이 낳은 아기를 축복한다.

겨우 일주일이 지났다. 누굴 닮았는지 살펴본다. 아직 이목구비가 뚜렷하지 않다. 누구보다도 예수님을 닮았으면 좋겠다.

아기를 안고 있는 딸이 대견스럽다. 부끄러움도 없이 젖을 물린다. 몸조리보다 아기에 대한 마음이 백배나 크다.

뱃속에서 열 달보다 세상에 나온 한 주간이 더 정성스럽다.

아버지의 사랑과 은혜

식구들이 아침 밥상에 둘러앉았다. 아버지의 밥은 넘칠듯한 고봉밥이다. 남편을 생각하는 어머니의 사랑이다. 아버지 옥양목 저고리는 늘 젖어있었다. 소맷자락에 묻은 진흙이 말라가고 있었다. 아버지가 앉은 자리는 흙먼지가 늘 남아있었다.

철이 들면서 아버지의 젖은 옷과 흙이 묻은 이유를 알았다. 동이 트기도 전에 들로 나가시면서 바짓가랑이가 이슬에 젖고 흙이 달라붙는 것이다.

아버지는 그렇게 가정을 이루어 가셨고 자식들을 양육하셨다. 휘어진 허리로 겅중겅중 다가오시던 모습이 그립다. 아버지는 폐암으로 돌아가셨다. 고통 중에도 천국 가는 길을 형님께 들려주시고 가셨다.

아버지의 사랑은 늘 젖어 있었다. 나도 어느새 아비가 되었지만 땀과 이슬로 젖지는 않았다. 아버지 생각을 하면 아비로서 큰소리치지 못한다.

일어선 자리에 떨어진 흙먼지를 손바닥으로 쓸어내셨다. 군살이 박인 손바닥이었다. 손톱에 까만 흙이 배인 손이었다. 가려운 등을 긁어주면 옥수수껍질처럼 시원한 손이었다.

못 자국 난 주님의 손길을 느끼고 싶다. 고난을 넘은 사랑의 흔적을 사모한다. 나를 나 되게 하신 은혜다. 하나님의 사랑을 육신의 아버지께 비유한 사실은 세상 어떤 것으로도 표현할 길이 없기 때문이다.

밥 짓는 마음

 해거름이면 집집마다 밥 짓는 연기가 피어올랐다. 산허리를 감싸고 연기가 하늘로 사라졌다. 하루 일을 마치고 집으로 돌아오는 아버지의 모습은 평화로웠다. 강이 흐르는 동네를 돌아오시며 그날 피곤을 누일 집을 향하여 걸음을 재촉하셨다.
 아이들을 부르는 소리가 골목길을 가득 메웠다. 놀던 아이들이 하나둘 집으로 향했다. 식구들은 두레상에 둘러앉아 도란도란 저녁을 먹었다. 할머니와 아버지는 겸상을 받았다. 아버지는 수북한 고봉밥을 드셨다.
 식구가 많았지만 한 자식이라도 비면 어머니는 자식을 찾으러 나가셨다. 동네 신작로에서 자식 이름을 목놓아 불렀다. 어머니는 늘 식은 밥과 국을 드셨다. 객지에 나간 자식이 생각나서 몇 숟갈 뜨다가 일어나곤 했다.
 별미라도 하면 눈에 밟히는 식구들이 많아진다. 때맞춰 자식들이 오지 않으면 안절부절못하신다. 한꺼번에 마주 앉아 나눠 먹여야 하기 때문이다. 자식 생각에 어머니의 눈길은 늘 대문 밖을 보고 계셨다. 무슨 이유든지 밥상머리에 오지 않는 자식이 있었다.
 어머니는 자식을 위해 정성껏 음식을 준비하셨다. 그러나 자식은 입맛에 맞지 않는다고 투정을 하고 트집이었다. 맨날 그 나물에 그 밥이라고. 객지 밥이 아무리 좋아도 피가 되는가? 이웃집 밥이 좋아도 살이 되는가? 아무렴 사랑이 담긴 어미 밥이 최고다. 보약이 따로 없다.

몽당연필

"나는 하나님 손에 붙잡힌 몽당연필입니다. 나를 사용하신 하나님이 여러분도 사용하시기를 빕니다."

세계인의 사랑과 존경을 받았던 마더 테레사의 말이다. 그녀는 사랑의 봉사단을 만들어 인도의 빈민촌에서 고아와 병자, 장애인을 돌보았다. 그녀가 섬기던 사랑의 봉사단은 세계적으로 인정받는 아름다운 단체가 되었다.

마더 테레사, 그녀는 주름이 깊은 할머니로 남았지만 그 주름진 웃음이 거룩해 보인다. 하나님을 위해 자신을 사용했다. 화려하지 않았으나 자신을 몽당연필로 여길 줄 아는 겸손이 세계인을 감동시킨다.

혹시 우리는 스스로를 못나하고 절망하고 있지는 않은가? 누군가를 위해 쓰이다가 지금은 몽당연필처럼 버림받는 것이 두려운가?

그것은 두려움이 아니라 아름다운 흔적이다. 버림받는 것이 아니라 그 쓰임이 존귀함을 받는 것이다.

지금 주님께서 우리를 사용하고 계신다고 생각해 보자. 누구의 손에 들려 있는가는 매우 중요하다. 전능자 하나님의 손에 들려진 자신을 볼 수 있어야 한다. 그만큼 많이 쓰인 기록들이,

흔적들이 우리를 통한 사랑과 섬김의 사연으로 남게 되는 것이다. 몽당연필, 쓰임받는 자는 행복하다.

송화와 장독

송홧가루가 연기처럼 피어오른다. 소나무가 꽃술을 날려서 씨앗을 만들기 위한 몸짓이다. 문틈을 비집고 방안 가득 모래 먼지처럼 쌓인다. 이맘때면 할머니께서 된장독 뚜껑을 열어놓으라고 하셨다. 송홧가루가 들어가야 된장이 맛있다고 하셨다. 바람에 날리는 송홧가루가 얼마나 된장독으로 스며들까? 반짝 몇 날인데 할머니 된장 맛이 세계 최고가 되는 비결이었다.

코로나19로 인하여 홀로 지내는 사람이 많아졌다. 콩 한 자루도 자루에 그대로 있으면 어김없이 한 자루다. 묶음을 풀고 쏟아놓으면 제각기 흩어져 버린다. 다시 줍기가 힘들다. 안방이나 마룻바닥에 쏟아진 것은 쓸어 담을 수 있지만 흙마당 어딘가 굴러가 버리면 모으기가 힘들다.

가마솥에 넣고 푹 삶아서 으깨어 메주를 만든다. 발효의 시간과 정성을 담은 할머니표 된장을 먹고 자랐다. 뿔뿔이 흩어지면 콩알 그대로인데 서로가 으깨져서 덩어리가 된다.

송홧가루가 흩날리면 된장 담그시던 할머니가 생각난다. 코로나19 때문인지 온갖 근심이 가득하다. 교회라는 된장독 속에 함께 익어가는 지체들이 고맙다. 은혜의 송홧가루가 스미도록 교회 문을 활짝 열어놓는다.

맞춤식 목사

부정적인 생각은 하지 않기로 다짐한다. 절망스러운 일도 눈에 들어오지만, 그곳에 얽매이지 않는다. 희망이 더욱 크기 때문이다. 많은 사람이 긍정적이고 창조적인 편에 있는 것도 용기가 된다. 위로부터 지혜가 임하게 됨을 경험하게 된다.

주님 소원인 영혼을 살리는 일에 매달리고 싶다, 나를 붙잡아줄 형제가 필요하다. 모세를 붙잡아 준 아론과 훌처럼 지친 팔을 잡아줄 사람이 절실하다.

그런데 살펴보니 많은 형제가 붙잡아주고 있음에 감사하다. 나를 바라던 어떤 사람이 함께 하지 않음을 슬퍼하고 있었다. 기대를 내려놓지 않는다. 지금까지 함께 흘린 눈물과 땀이 있기 때문이다. 우리 주님 희생의 피로 함께 왔기 때문이다.

택시가 잡히지 않았다. 버스도 그냥 지나가 버렸다. 가을비에 젖은 캄캄한 대로를 헤매고 있었다. 휴대폰 배터리도 끝나버렸다. 전화를 빌렸지만 입력된 번호가 떠오르지 않았다.

모임 시간이 임박해서 택시를 잡았다. 밤거리를 한 시간 서성거렸지만 모임에 늦지 않게 도착했다.

주님의 시간은 정확했다. 주님의 시간에 나를 맞추기로 했다. 맞춤식 목사가 되기로 결심했다.

자기다움

 겨울은 눈이 내려야 겨울답다. 겨울은 삭풍이 불어 옷깃을 여미어야 겨울답다. 겨울은 겨울다워야 이른 봄 새순이 싹을 낸다. 사람들은 움츠리고 겨울나기를 한다. 자연은 순리대로 흘러야 시간 속에서 자리매김하는 것이다.
 소나무에 걸린 달이 밝다. 별들이 빛을 잃어가는 시간이다. 태양은 지구 반대편에서 빛을 내고 있을 것이다.
 겨울이 겨울다워야 하듯이 나는 나다워야 한다. 나다울 때 자기 가치를 발견하게 된다. 자기다움으로 한 해를 시작하고 자기다움으로 현재의 과정을 살아내야 한다. 미래는 자기다움의 모습으로 기다리고 있을 것이다. 믿음은 믿음다워야 한다. 자기 이름이나 사역에 자기다움이 있어야 한다. 예수님의 제자다운 사람, 하나님의 자녀다운 사람, 소리교회 성도다운 사람은 어떤 사람일까? 목사는 목사다워야 한다는 생각에 잠긴다.
 요즈음 자기다운 사람을 찾기가 힘들다. 자기다움은 그리 만만치 않기 때문이다. 세상은 다른 얼굴이 판치기 때문이다.
 자기다움의 가치, 자기다움의 믿음이란 예수님을 닮아가는 것이다. 인간다움 또한 창조주의 영광을 드러내는 것이다. 그래서 무릎으로 성령님의 도움을 구하는 것이다.

제 5 부

홀로 아리랑

여행	홀로 아리랑
아름다운 동행	여름 사냥
비아돌로로사	기차여행
파래소	차창에 비친 또 다른 나처럼
그래도(島)	우선순위
성지순례	참으로 나쁜 사람
가을 산행	마지막 탑승객
그림 그리기	가을 속살. 그 따스함
이중섭 백년전과 가족사랑	영글기까지
멍때리기	우거진 수풀처럼
초원	방앗간 풍경
몽골의 낮과 밤	봄마중
그곳에 가면	하나님의 필요

여행

내가 가장 하고 싶은 일은 어디든지 발길 닿는 대로 가보고 싶은 것이다. 거기에 사랑이 있고 산천이 있을 것이다. 자연 속에 원시가 있을 것이다. 방랑시인 김삿갓처럼 유랑하고 싶다.

여행은 매력이 있다. 짜인 틀을 벗어날 수 있기 때문이다. 인생이란 어차피 나그네의 세월을 사는 것이다. 그 생의 서러움을 털어낼 수 있는 것 또한 여행이다. 새로움을 마주하면서 생각에 따라 다르게 보는 묘미가 있다.

누군가 여행의 꽃은 유람선 여행이라고 했다. 배가 닿는 항구마다 풍경이 다르고 환경이 다를 것이다. 언젠가는 뱃길 닿는 곳마다 가보고 싶다.

여행은 재미만큼이나 힘들다. 많은 재정도 필요하다. 어쩌면 가장 소중한 것도 포기해야 한다. 희생의 대가 없이는 여행이 될 수 없다.

내게 빚이 있다면 여행에서 온 것들이다. 많은 도움의 손길도 있었지만, 절약해도 씀씀이가 헤프다. 그래도 여행을 떠나고 싶다. 혼자가 아니라 그대와 함께 떠나고 싶다.

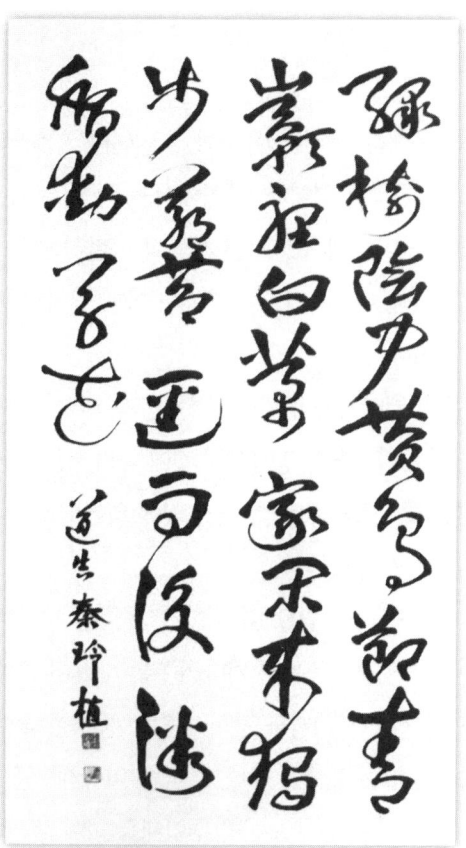

〈한중 용두시운〉 두보 시

녹색 나무 그늘 속에 꾀꼬리 우는 철
푸른 산 그림자 속에 띠집이 한채
한가하면 이끼길을 혼자서 거니나니
비갠 뒤의 은은한 향기 풀과 꽃에 진동하네

아름다운 동행

누군가와 동행하는 것은 아름다운 일이다. 일터에서 함께할 수 있는 것은 행복한 일이다. 사역에서 동역할 수 있는 것은 감사한 동행이다. 열차에서 모르는 사람과 나란히 앉아 가는 것도 괜찮은 동행이다. 무엇보다도 쉼터에서 함께 쉴 수 있는 것은 아름다운 동행이다.

요즈음은 멍때리기가 인기라고 한다. 숲속에서 하늘을 바라보고 바다를 바라보면서 멍때리는 것이 좋다. 산과 들녘을 바라보면서 멍때리는 것도 좋다. 누군가 옆에 있어도 없는 것처럼 멍때리는 여유를 가지고 싶다.

어떤 간섭도 동의도 필요 없이 함께 가주는 사람이 좋다. 된바람을 마주하면서도 묵묵히 기다려주는 사람이 좋다.

흉허물과 약점이 드러나도 탓하지 않는 동행이 좋다. 가끔 일탈에도 되묻지 않는 동행이 좋다. 조금은 비딱해도 참아주는 동행이 좋다. 뒷담화도 없이 오히려 추임새를 넣어 주는 동행이 그립다. 그런 사람과 가야 할 길을 끝까지 가고 싶다.

행복의 정의도 잊어버리고 함께 웃어주는 사람, 눈물을 닦아주고 이마에 땀을 식혀주는 사람, 가슴에 쌓인 갈등을 가만히 안아주는 사람, 그런 동행을 기다린다.

사랑하는 예수님과의 동행이 가장 최선임을 안다. 예수님의 마음을 가진 아름다운 이를 기다리지만 결국 내가 그런 동행자가 되기를 바라는 주님의 심정이 사무쳐온다.

비아돌로로사

어떤 이들이 죽고 못 사는 처지가 되도록 사랑을 했다. 그러던 어느 날 헤어지자고 했다. 마음이 상했기 때문이다. 식은 사랑은 마음을 치유하지 못했다. 찢어진 마음이 아물 수는 있겠지만 그 흔적은 지워지지 않을 것이다.

어떤 이들이 뜻을 모아 동업을 했다. 그러나 잘나가던 사업에 손을 떼야 했다. 서로 이해관계가 맞지 않아서이다. 사업은 무엇보다도 손익이 계산되기 때문이다.

신앙에도 비슷한 경우를 가정한다면 슬픈 일이다. 넘어야 할 산이 있고 따져야 할 이해관계가 있다면 이미 신앙이 아니다.

신앙은 이미 나를 십자가에 못 박았고 그리스도와 함께 부활했기 때문이다. 이제 내가 사는 것이 아니라 내 안에 그리스도께서 사시는 결단이 있었기 때문이다.

세상사에는 짚고 넘어가야 할 일들이 많고 따져야 할 경우도 많다. 그러나 예수님 안에서 용납하고 사랑하는 것이 신앙이다. 그 열매는 섬김으로 나타난다.

'비아돌로로사' 지금도 순례자들이 골고다 언덕으로 향하는 고갯길을 걷고 있을 것이다. 어떤 이는 십자가를 짊어지고 그 길을 걸어가기도 한다.

저마다 져야 할 십자가는 있다. 거부하려고 할수록 고통과 두려움이 커지게 된다. 하늘에 소망이 있으니 그날에 상급과 면류관을 기대하면서 기쁨으로 지고 갈 수 있다.

지금 당신이 걷고 있는 길은 면류관을 기대할 수 있는 길인가? 나를 내려놓고 주님의 길을 가고 있는가?

파래소

무엇이든지 바라는 소원대로 이루어 준다는 뜻에서 '바래소'라고 했다. 지금은 파래소로 부르는 울산 12경 중 하나다. 원시 그대로의 길이 좋았는데 포장도로가 나 있었다.

나는 잘 닦여진 길이 서운하다. 있는 그대로 보존한다면 좋을 텐데 아쉬워하며 파래소까지 올랐다.

무슨 소원이 그리 많았는지 길이 닳았다. 희망 둘 곳이 없어 찾아온 사람들이 많았던가 보다. 희망이 절망이 되어 살아가는 사람이 얼마나 많을까? 소원은 이루어 가는 과정 속에서 이루어지는 게 아닌가 생각한다.

딱따구리 한 마리가 온 산을 흔들며 요란하다. 둥지를 트는지 양식을 구하는지 딱따구리도 바라는 것을 이루어 가는 중이다.

막 깨어난 곤충들이 날개를 편다. 굴참나무 낙엽을 밟으며 지나간다. 한걸음 옮길 때마다 나무들이 자라고 날개를 펴는 곤충들을 바라본다. 파래소에 도착하는 것이 지금 바래소다. 폭포가 내뿜는 물안개에 젖어 한동안 행복할 것이다.

그래도(島)

좋아할 때까지만 좋아하고, 사랑할 때까지만 사랑하자, 라는 어느 분의 말이 자꾸 떠오른다. 지워지지 않는 말, 내 안에 새겨진 말이다. '그래도'라는 섬이 있다는데 나는 오늘 그대와 함께 그래도에 오르고 싶다. 그 섬에서 세상모르고 살고 싶다. 내 하나의 그대에게 가치로 살고 싶다.

그래도 라는 섬에서/그래도 부둥켜안고/그래도 손 놓지 않는다면 언젠가 강을 다 건너 빛의 뗏목에 올라서리라/어디엔가 걱정근심 다 내려놓는 평화로운/그래도, 거기서 만날 수 있으리라

(김승희 시 '그래도라는 섬이 있다' 중에서)

성지순례

서부 아프리카 가나의 아크라 공항에서 귀국 비행기를 탔다. 비행기를 처음 타는 듯한 단체 여행객이 북적거리고 있었다. 누군가 부축해주지 않으면 걸을 수 없는 할아버지도 계셨다. 집안에서 입던 옷차림의 사람들도 있었다. 초라하게 보이는 시골 노인들이 어떻게 국제선 여객기를 타는지 이해가 되지 않았다.

노인들에게 가까이 가니 지린내가 풍겼다. 할아버지 한 분은 비행시간 내내 가래를 내뱉고 있었다. 해소천식처럼 목구멍에서 가래 끓는 소리가 났다.

두바이 공항에서 제다로 가는 비행기를 갈아타는 사람들이다. 스튜어디스들도 어찌할 수 없어 멋쩍은 웃음으로 대신한다. 노숙자보다 더한 모습이라 이해할 수가 없었다.

모두 플라스틱 물병을 들고 다닌다. 정해진 시간에 그들은 손발을 씻고 어디를 향해 절을 하고 있다. 그들은 바로 무슬림이었다.

평생에 소원인 성지를 찾아가는 것이었다. 그것이 구원의 길이기 때문이다. 어마어마한 오일 달러의 힘은 검은 대륙에도 휘몰아치고 있었다. 성지순례단은 마호메트 고향인 제다로 향해 가고 있었다.

그들이 반드시 행해야 할 율법 중에 성지순례가 있다. 지금이 바로 순례 기간이다. 전 세계에 흩어진 이슬람교도들의 순례 행렬이 소름 끼칠 정도로 거세게 불어닥친다.

밟혀서 깔려 죽은 자가 1300여 명이나 발생했다고 한다.

당신은 성지는 어디인가? 금년에는 그 성지를 향해 계획해 보심이 어떨는지. 우리의 영원한 성지는 주님이시다.

가을 산행

 가을을 먹은 나무들이 한해를 마름하고 있다. 그 모습이 대견하여 바라본다. 하얗게 피어오르는 억새가 흔들린다. 낙엽을 밟으며 그렇게 한세월이 지나가는 시간을 느낀다.
 고위산 자락 아래 '녹원정사'가 있다. 산채나물 비빔밥을 허겁지겁 맛나게 먹었다. 가까이 이렇게 좋은 산이 있으매 감사했다.
 오래 울산 땅에 살면서 가까운 산을 찾지 못하였음이 서럽기까지 하였다. 무엇이 그리 얽매고 있었는지 그 매듭을 풀 수 없었는지 생각에 잠긴다.
 그래도 나는 행복한 편이다. 훌쩍 혼자 떠날 수 있는 용기가 있다. 생활의 매듭보다 마음의 매듭을 풀 수 있다면 행복하다고 생각한다. 산속에서 길을 잃고 헤매다가 되돌아올 수 있다면 이렇게 산행을 나간다.
 또 하나의 헝클어진 실타래를 풀기 위해 어디론가 떠나고 싶다. 그곳에 주님이 계시고 잃어버린 내가 있다. 산과 들에 나가지 않더라도 내 일상의 골방에서 매듭을 풀 수 있기를 바란다.

그림 그리기

 프라하를 가로지르는 불타바 강가, 한적한 카페에 앉아 에스프레소 한잔을 시켰다.
 체코 성에서 떠밀려 내려오는 사람사태를 본다. 불타바 강으로 쓸려갈 듯하다가 불타바 강의 유람선으로 오르는 사람들이다. 까를다리 난간에 기대어 와인잔을 기울이는 나그네들도 보인다. 거리 카페에서 한가롭게 이야기를 만들어가는 사람들, 그중에 가장 바쁘게 사라지는 한국 사람들도 보인다. 재밌는 우리 민족이다. 웃음이 난다.
 이렇게 많은 사람 속에 내가 있다는 것이 행복하다. 캔버스를 꺼내 그림을 그린다. 누군가가 말했단다. 그리움이 짙어져서 그림이 된다고.
 보헤미아의 푸른 언덕을 가로지르며 노래로 삶을 달랬던 보헤미안처럼 모가지를 길게 뽑아 나는 그림을 그린다. 그리움을 남기고 있다.

이중섭 백년전과 가족사랑

 어머니께 들렀다가 돌아오는 길에 덕수궁에 들른다. 이중섭 백년전 전시가 있다. 덕수궁 돌담길을 되돌아 걸어 본지가 어림잡아 사십 년은 된 듯하다. 가족을 애타하며 책임 있는 남편과 아버지가 되기를 그토록 원했던 화가 이중섭은 결국 가족사랑의 전설을 남기고 정신병원에서 마지막을 맞이한다.
 가족을 주제로 그림을 그리고 애틋한 편지를 쓰곤 했던 가난한 화가다. 이중섭의 백년전을 둘러보며 왠지 눈물이 흐른다. 가족사랑 앞에서 내 모든 것이 사라지는 그날, 남은 나의 가족의 모습을 그려본다. 숱한 에피소드에 나타날 나의 가족사랑을 그리다가 당신의 자식을 한없이 사랑한 내 어머니를 그린다.

멍때리기

 마닐라에서 며칠. 2층 창가에서 숲으로 둘러싸인 산허리에 동네가 있다. 멀리 희뿌연 매연이 가득한 마닐라 시내가 큰 나무 사이로 보인다. 불쑥 빌딩들이 솟아나기도 한다.
 행복을 찾아 떠나는 여행이라면 너무 호사스러워 보이는가. 도시 문명의 콘크리트 틈 사이에서 안간힘으로 살아남은 잡초처럼 살았다. 뽑히기조차 힘겨웠던 삶을 내려놓고 싶어 여기로 왔다.
 정글의 법칙에서나 나옴직한 곳으로 발길을 돌릴까 생각도 했다. 생존을 위해 먹거리를 구하고 움막을 짓는 것이 도시산업사회에서 지친 영혼에게 안식처가 될 수도 있을 것이라 싶었다.
 하지만 내 발걸음은 웬일인지 이곳 마닐라로 향했다. 코코넛 잎사귀가 부딪치는 바람 따라 어디론가 걸어가고 싶다. 신발이 해지도록 걷고 싶다. 사람은 끊임없이 자유를 찾아 떠다니나 보다. 가끔 바쁜 일상을 내려놓고 멍때리기하는 시간이다. 돌아가면 누구보다 성실하고 정직하게 살고 싶은 다짐이 절로 생긴다.

초원

몽골여행은 감정이 색다르다. 오랑캐의 나라, 야만인의 본능이 유감없이 드러난 나라였는데 지금은 달라도 한참이나 다르다. 역사가 뭐라던 간에 오늘 나일 수 있는 것으로 감사하다면 숱한 역사의 정,부정이 새로운 합이 되고 너나없이 헤겔이 된다. 철학자가 된다. 합리적인 철학자 말이다.

초원에 해가 떠오르면 밤새 이슬을 먹은 꽃들이 깨어난다. 이름을 알 수 없는 꽃들이 지천이다. 키가 10센티도 되지 않는 꽃들이다. 양 떼와 소 떼, 그리고 말들과 진종일 밀어를 한다.

밤이 되면 은하수가 흐른다. 손을 뻗으면 잡힐듯한 별들이 황홀하다. 깊은 밤중 어디선가 들려오는 말 울음소리에 잠이 깬다. 문을 나서면 별이 하늘에서 쏟아져 내린다. 저만치 산허리에 걸려있는 북두칠성이 손에 잡힐듯하다. 키가 한 치만 더 컸으면 잡고도 남겠다.

먹고 사는 대책 하나 없이도 하루 허기진 배를 채울 수 있다면 그것으로 대지를 어머니 삼고 싶다. 한 끼쯤 굶은들 그 어머니의 품에서 행복을 꿈꾸지 않겠는가. 하늘 아버지가 있고 대지의 어머니가 있다면 어디에서나 산다는 것은 매일반이다.

베푸시는 대로 은혜를 덧입고 사는 것이 진정 삶인데 거기에 내가 있으므로 힘겹다. 세상 그 어느 것이 아니라 내가 나를 힘겹게 한다. 나 스스로 오랑캐 같은 나를 몰아내기 위해 초원에 누웠다.

몽골의 낮과 밤

 초원에 누워 밤하늘을 우러러보라. 저만치 은하수가 흐르고 별들이 말 눈망울 만하게 내린다. 손을 뻗으면 잡힐 듯 별 하나의 전설이 흘러가고 있다. 별 헤는 밤을 원도 한도 없이 보낼 수 있는 몽골의 초원이다.

 몽골의 선교사는 그 별을 따 주겠다며 아내를 유혹(?)했다. 무슨 말인지 알면서도 모른 척 속아주며 따라나선다. 앞선 대장 말이 속절없이 뚜벅뚜벅 걸음을 옮기면 한창 풀을 뜯던 무리들이 영문도 모르고 따라간다.

 그렇게 해서 숱한 날 동안 별을 모았다면 몇 가마니나 땄을 테다. 아내의 가마니에는 별들이 아니라 눈물이 별이 되어 쌓였을지도 모른다. 툭하면 눈물이 흐르는 아내의 가슴에 별들이 소용돌이친다.

 기댈 언덕 하나 없는 하늘 아래다. 어쩌다 바람에 실려 온 구름만 둥실하다. 구름을 붙잡아 둘 수도 없다. 나는 또 아내에게 구름 가듯 길을 재촉한다. 대장 말이 그렇듯, 대장 소가 그렇듯 우리도 잰걸음을 하지 않으면 초원에 홀로 남겨진다.

 누군가의 간섭도 없이 자유만으로 황홀한 방목이다. 나는 어느새 한 마리 말이고 소이고 양이 된다. 대장을 따라나서는 초원의 원주민이 된다. 그런데 저마다의 엉덩이에 찍힌 낙인이 다른 짐승들이다. 주인이 다른 것이다.

2천 미터 고원에 피어나는 꽃, 꽃, 꽃밭, 꽃천지. 패랭이 사이로, 에델바이스 사이로, 메뚜기 날 듯 꾸르륵 소리가 들려오고 나는 완전 방목이다. 대장만 쳐다보면 된다. 다른 것은 필요 없다.

이것이 자유다. 된서리에 햇살이 내리는 아침이면 초원이 깨어난다. 하늘 아버지와 대지의 어머니 품에서 종일 걷다 보면 어둠이 이불이 된다. 나는 별 따는 남편이 된다. 모른 척 속아주는 아내의 눈물을 은하수 사이로 흘려보낸다. 별 헤는 밤, 초원의 밤은 그토록 아름답다.

그곳에 가면

 진도는 남도 문화의 본고장이라 할 수 있다. 진도 아리랑으로 유명하지만 진돗개도 익숙한 섬이다. 진도에 수백 리 길을 찾아 돌아온 백구가 있다고 해서 전설의 고장이 되어버렸다.
 감수성 있는 사람들은 진도의 안개에 반하게 된다. 다도해 사이로 넘어가는 낙조에 숨넘어가는 소리를 한다. 안개가 산허리를 감아 돌고 크고 작은 섬들이 숨바꼭질하듯 사라지다가 금세 나타난다.
 그곳에 가면 문인이 되고 화가가 된다. 누가 뭐래도 남도 명창이 따로 없다. 늘 풍류가 흐르는 곳. 역사 속에 흐르는 한이 있어서 가져간 한을 달랠 수 있는 곳이다.
 사람마다 고향이 있다. 시인은 시의 고향이 있고 소설가는 소설의 고향이 있으며 화가는 화가의 고향이 있다. 음악가에게는 음악의 고향이 있다.
 어느 날, 늦은 걸음으로 남진미술관을 둘러본 적이 있다. 장전 선생께서 서화로 머물던 곳인데 그곳에서 고려청자를 만났다. 선생의 인격이나 서화에 대해서는 문외한이지만 서체가 독특하여 그 힘을 느낄 수 있었다. 선생께서 수집해서 진열해놓은 고려청자 몇 점을 관람하면서 난생처음으로 첫사랑처럼 콩닥거리는 가슴을 움켜쥐어야 했다.
 사진으로나 박물관에서 보았던 청자들이고 교과서에서 보았던 것이지만 그것이 가슴을 방망이질하다니 웬일인가. 그곳에 가면 고향을 만나는 설렘과 떨림이 있기 때문이다.

홀로 아리랑

억새풀이 흐느적거리고 코스모스가 피었다. 소소한 바람에도 설렌다. 들녘에 추수가 시작되고 가을이 짙어간다. 나 홀로 아리랑을 부른다.

남도 끝자락 팽목항에 섰다. 바람이 한을 불러들인다. 내 조국의 한이다. 희망을 찾아 외치는 아우성이다. 죽은 자들에게도 희망이 있을까. 그보다 더 가슴으로 파고드는 소리가 있다. 내가 바라보아야 할 영원한 나라가 있다. 나는 죽음이 아니라 잠들고 싶다. 죽어가는 자들을 일깨워 잠들게 해야 한다. 평안한 잠을.

여름 사냥

　올여름이 유난히 길게 느껴진다. 열대야는 그칠 줄을 모른다. 입추가 지났건만 숨이 막힐 정도로 더운 바람만 기승을 부린다. 나무 그늘 평상 아래나 개울가에 발을 담그면 좀 시원해지려나. 깊은 샘에서 물을 길어 등목이라도 해볼까.

　에어컨 바람을 쐬자니 어깨가 시려온다. 닫힌 공간에 종일 앉아 있기도 힘들다. 방문을 열자 바깥 열기가 훅 쳐들어와서 가슴을 조인다. 어디 숨을 곳도 없다.

　그런데 소금 사탕을 녹여가면서 현장에서 비 오듯 땀을 쏟아내는 사람들이 있다. 물을 연속 들이켜도 화장실 한 번 가지 않는다. 뚝뚝 떨어지는 땀으로 몸의 수분을 배출하기 때문이다.

　이곳저곳 더위를 피해 도망 다니는 것보다 차라리 더위를 몸으로 부딪치면서 견디는 편이 낫겠다. 땀을 쏟아내고 먹는 밥은 보약이 될 것이다.

　얼마 후면 또 겨울 추위 때문에 도망가고 싶은 날이 올 것이다. 그때도 온몸으로 추위에 맞설 용기 없이 이렇게 투정만 부려대고 싶지는 않다. 사냥을 해야지, 사냥을. 여름 사냥과 겨울 사냥, 아니 모든 삶을 사냥하며 살아야 하지 않나 싶다.

기차여행

내 어릴 때, 기차여행을 꿈꾸던 그때는 완행열차, 특급열차 정도였다. 기차가 철커덕거리며 허연 공장 굴뚝처럼 연기를 내뿜으며 칙칙폭폭 달리다가 한 번씩 힘자랑하듯 "확~"건방진 화통소리를 지르며 위엄 있게 달렸다. 그렇게 밤새워 부산에서 서울까지 기차를 타고 달린 적이 여러 번이다.

대전역쯤에선가 한참 손님들이 내리고 탈쯤 열차에서 얼른 내려 우동 한 그릇 말아먹었던 기억이 난다. 어머니께서 삶은 계란이라도 두어 개 찔러 넣어준다면 사이다 한 모금에 코끝부터 찡해오는 탄산수까지 행복으로 가득하게 한다.

아무리 눈이 내려도 차창 밖으로 보이는 풍경에 잠들 수 없다며 눈을 껌벅거려 보지만 어느새 잠이 들어버렸다. 그런 중에도 가방만큼은 손에서 놓지 않으려고 기차가 설 때마다 손을 추슬러 가방을 움켜쥐곤 했다.

맞은편 사람이 정감 있어 말수라도 떠벌리면 껌 하나라도 건네주며 친구가 될 수 있었던 시절이었다. 좁은 통로를 비집고 판매원이 "오징어나 땅콩 천안 명물 호두과자" 외칠 때 속주머니에 든 얼마 되지 않는 비상금을 만지작거리기도 했다. 굳이 물건을 사지 않아도 보는 것만으로도 즐거운 열차쇼핑 같았다.

몇 해 전에 유럽을 여행하면서 한 주간 내내 기차여행을 한 적이 있다. 해가 어두워지기 전 아니면 저녁에 다른 나라 도시로 달리는 열차에 오르면 밤새 국경을 넘고 이른 아침에 새로운 도시를 밟는다. 대체로 여섯 명이 숨이 맞닿을 정도의 쿠셋에서 새우잠을 잤다. 전혀 낯선 곳, 낯선 사람들이 말이 다르고 피부색깔이 달라도 마음이 가는 그래서 몇 마디 통하지 않는 말을 온몸으로 나누다 보면 사람 사는 곳은 어디나 매한가지다 싶었다.

여행이란 떠나는 것이 아니라 돌아오는 것이다. 집을 나서는 기차여행이 아니라 집으로 돌아오는 기차여행이다. 언제나 새로운 세계에 대한 기대보다도 가족에 대한 사랑을 안고 돌아오는 여행이다.

차창 밖으로 비가 흩뿌린다. 역사 측백나무 사이로 하얀 찔레꽃이 수줍게 고갤 내밀고 있다. 하양역을 지나는데 딸이 보고 싶어진다. 역 앞 언덕 위에 딸이 다니는 대학이 있다. 핸드폰을 연다.

"공주, 뭐하니? 보고자파. 황제"

차창에 비친 또 다른 나처럼

열차 차창에 비친 풍경들이 수채화처럼 흘러간다. 혼자 있는 것이 못내 아쉬워 두리번거리다 핸드폰을 꺼내 문자라도 넣어본다. 이럴 때 누군가 곁에 있어서 따끈한 커피 한 잔의 정이라도 나눌 수 있다면 얼마나 멋진 여행일까.

가고 싶은 곳이 많고 보고 싶은 것이 많아도 왜 그리 바쁘게 사는지. 여행을 하면서도 일 생각에 여유를 얻어내지 못한다. 12월이 없으면 좋겠다는 어느 분의 말씀이 생각난다. 그때 곁에 계시던 은퇴를 앞둔 어느 한 분도 한마디 덧붙이셨다.

"내 나이 돼봐. 세월을 묶어두고 싶어!"

시간은 언제나 매한가지이지만 빨리 흐르고 있다는 것을 느낀다는 것은 그만큼 늙어간다는 것이다. 그 빠르기가 상상 초월할 정도로 급하다.

그래도 마음은 젊어 못다 한 꿈을 이루기 위해 몸서리치도록 애쓰시는 분들 옆에서 하룻밤 지새우고 나면 그 세월 닥치기 전에 얼른 일을 서둘러야 하는데, 마음과 몸이 그리 쉽게 따라주지 않는다. 이러다가 한세월 다 가고 돌아보며 아쉬움에 한숨 지을 때가 있겠지. 날아가는 세월이 속수무책일 뿐이다.

바쁜 일상보다도 더 바쁘게 움직이는 시간의 초점을 따라 끌려가듯 살아가는 삶의 여정을 물끄러미 바라본다. 열차는 달려도 차창에 비친 내 모습은 그대로다.

우선순위

오늘 하루 지금, 이 순간 삶의 우선순위를 결정해야 할 때가 있다. 사람은 하루에 400여 번 결정한다고 한다. 그 사람의 가치관에 따라 우선순위가 결정된다. 자신에게 강조되고 있는 것 또한 우선순위다. 자녀들에게 말해 주고 싶은 것 또한 우선순위다. 하루에 가장 먼저 해야 할 것 또한 우선순위다.

뉴욕의 전철은 언제나 1분 늦게 출발한다고 한다. 그런데 그동안 아무도 알아채지 못했다고 한다. 뉴욕 전철은 뉴요커들에게 1분을 기다려 준다. 그것은 최선을 다하는 사람들을 위한 것이다.

하나님은 얼마나 기다려주실까? 부지런한 사람들을 위하여 천년을 기다려주실 테지만 게으른 사람들에게는 1초의 여유도 없다. 시간은 순간에도 지나가기 때문이다. 하나님의 우선순위가 사람이라면 사람의 우선순위도 분명 하나님이어야 한다.

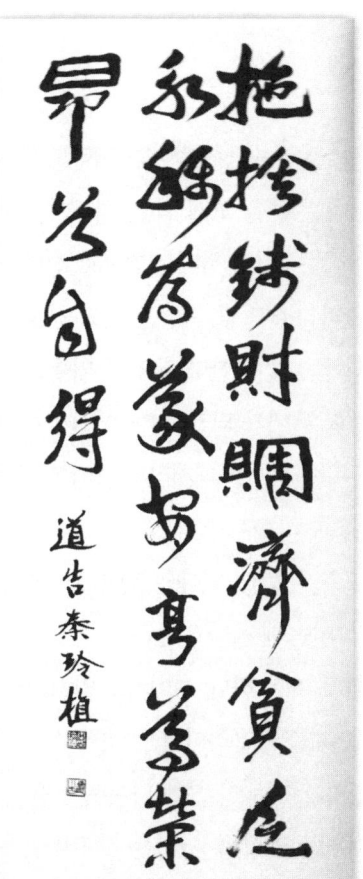

시편 112장 9절

그는 가난한 사람들에게 넉넉하게 나누어주니, 그의 의로움은 영원히 기억되고, 그는 영광을 받으며 높아질 것이다.

참으로 나쁜 사람

　마음 맞는 사람과 여행한다는 것은 즐거운 일이다. 별말도 아닌데 깔깔거리고 별 몸짓도 아닌데 온몸을 꼬게 되는, 별스러운 유머도 아닌데 배꼽 잡고 웃어재끼는 사람과 함께는 참으로 신난다.
　한편 마음 맞지 않는 사람과의 여행만큼 지루한 일도 없을 테다. 함께 웃다가도 멋쩍다. 금방 몸이 긴장한다. 온갖 유머를 다해도 시큰둥하다. 그야말로 썰렁한 유머가 되고 만다. 어떻게 하면 따로 떨어져 있을까 궁리한다. 무슨 핑계를 대서라도 빨리 자리를 뜨려고 한다.
　마음에 맞는 사람, 마음에 드는 사람이 있다는 것이 신기하다. 그런데 마음에 맞지 않는 사람, 마음에 들지 않는 사람이 있다는 것도 신기하다. 이상하다. 그까짓 마음 하나, 보이지도 않고 만져지지도 않는 마음인데 그것이 관계를 좌우하다니.
　서로가 만났을 때 긴장을 가져다주는 친절함보다는 평안을 주는 무례함이 더 좋다. 누군가에게 무례할 수 있다는 것도 마음을 열고 토해내기 때문이다. 누군가 앞에서 해진 모습으로 설 수 있다는 것 또한 그 누군가가 부담되지 않고 편안하기 때문일 것이다.
　누구에게 있어서 편한 사람, 대충 쥐어박아도 그냥 넘어갈 수 있는 사람, 박하게 계산하지 않고 속아 넘어가는 사람, 어딘가 조금은 모자란 듯하여 왠지 도와주고 싶은 사람, 기대어도 몸을 빼지 않을 그런 사람이면 참으로 좋은 사람이겠다. 너무 똑똑한 사람이기 때문에 접근조차 싫어지는 사람보다도 어딘가 모자란 듯하여 도와주고 싶은 여유를 낼 수 있는 사람이 된다는 것, 참 인간적이라는 생각이 든다.

마지막 탑승객

 이제는 서울길이 익숙지 않다. 고속버스든 열차든 비행기든 마찬가지이다. 서울의 하늘도 거리도 내게는 너무나 낯선 곳이 되었나 보다. 햇볕에 그을린 피부와 굵게 주름진 이마, 그리고 손마디가 굵어진 사람들이 내게는 더욱 편안해졌다. 회색 콘크리트에 파리해진 사람들이 무서워지나 보다. 그래서 영락없는 촌놈이 되어 버렸다.
 바쁜 마음 탓인지 피로가 쉽게 몰려왔다. 공항으로 향하는 지하철을 탔다. 앉을 자리를 두리번거려도 앉을 공간이 없었다. 저편 구석진 곳에 자리가 났다. 막 걸음을 옮기려는데 장애인과 노약자를 위한 좌석이라는 표시가 들어왔다. 어디 가방이라도 깔고 털썩 주저앉고 싶었지만 끝까지 버티어내려고 다짐했다.
 바로 앞에서 졸고 있던 아가씨가 벌떡 일어났다. 주위를 아랑곳하지 않고 털썩 주저앉았다. 그리고 잤다. 옆좌석에 앉으신 분이 몇 번이고 내 어깨를 밀쳐냈다. "미안하다"라는 말을 연거푸 하면서도 나는 다시 깊이 잠들었나 보다.
 어쩌다 눈을 떴는데 내려야 할 역을 지나버렸다. 비행기를 타야 할 시간이 불과 20여 분밖에 남지 않았다. 방화동 종점에 내려서부터 달리기 시작했다. 거꾸로 오는 열차를 타야 했다. 공항까지는 두 정거장이었지만 역에서부터 비행기 표를 매표하기까지는 울산 오는 길보다 더 멀어 보였다. 땀을 흘리며 겨우 비행기에 오를 수 있었다. 마지막 씩씩거리는 탑승객이 될 수 있었다.

 지금 피곤을 핑계 삼아 주무시고 있지는 않는가? 내려야 할 정거장을 놓치고 살지는 않는가? 목적지를 놓칠라, 어서 깨어나라.

가을 속살, 그 따스함

푸르던 들녘에 가을이 왔다. 올해는 단풍이 아름답지 않다고들 한다. 그래도 가을하늘은 높고 단풍을 물들게 한다. 벼가 누렇게 익어 농부의 손길을 기다리고 있다.

풀섶에 메뚜기도 남은 힘을 다해 다리에 힘을 모은다. 들국화가 듬성듬성 향기를 발하고 억새풀은 하얀 면류관을 쓰고 흔들린다. 해풍을 견딘 소나무도 우수수 으스러진다.

누군가 손짓하면 따라나서고 싶은 아이가 되고 싶다. 뺨을 한 대 때리면 펑펑 목놓아 울고 싶은 계절이다.

우기철을 맞이하는 아프리카 시골 마을이 그립다. 개와 염소와 함께 흙집에서 산다고 미개하게 여겼다. 지열이 식어버린 맨땅에서 밤을 지내는 일은 여간 슬픈 밤이지 않다. 개나 염소라도 따뜻함을 나누는 밤이기에 아프리카의 밤을 탈 없이 보낼 수가 있는 것이다.

스산한 바람이 속살을 헤집고 들어오는 가을, 외투 한 벌 준비하고 싶다. 그대의 따스한 속살을 느끼고 싶다. 서리 내리는 가을 밤을 함께 할 당신이 나의 행복이기 때문이다.

영글기까지

들꽃 몇 포기 꽂아둔 찻잔에 가을이 영근다. 스크린이나 신문에 가을풍경을 담은 것을 보면 금방이라도 달려가고 싶다. 발목에 채인 일들이 나를 붙든다. 마음 가는 대로 쉽게 떠날 수가 없다.

노심초사했던 여름이 있었기에 가을 열매를 기다린다. 시골 마당 멍석에는 빨간 고추가 마른다. 서릿발이 내리자 박넝쿨이 마지막 열매를 위해 애쓰고 있다.

지금 내가 머물고 싶은 곳을 향해 나아가야 하는데 순탄한 길인가? 좁고 험한 여정인가? 누군가 나타나 장애물을 치워주길 간절히 바라고 있다.

완성된 것보다 완성하려고 하는 것이 의미가 있다. 도전과 모험을 피하려고 하는 선택이 많았다. 가을 열매가 영글기까지 저절로 된 것은 하나도 없다. 누군가 매달아 놓은 것도 없다. 스스로 꽃을 피우고 열매를 맺기까지 수많은 도전이 있었을 것이다.

여러 가지 과정에서 모험을 즐겼는지 묻고 싶은 계절이다.

우거진 수풀처럼

 산다는 것이 그렇다. 분주한 일상에서 톱니바퀴 맞물려 돌아가듯 일이 되어야 이루어진다. 한순간 넋 놓고 지내다 보면 아무것도 이루지 못하고 스트레스만 쌓이게 된다. 그래서 기회를 빼앗기지 않으려고 긴장한다.
 범사에 때와 기한이 있다. 때를 따라 살고 때를 따라 일한다는 것은 열매를 기대하기 때문이다. 어쩌면 보장된 열매를 위해 달려가는 것이 참된 삶인가 싶다.

방앗간 풍경

　코스모스가 가을바람에 하늘거린다. 맑은 하늘 아래 뭉게구름이 수채화처럼 아름답다. 고추잠자리가 낮게 날고 있다. 오후 햇살이 계절을 영글게 한다.
　이런 날에는 재즈가 흐르고 커피를 내리는 창가에 서고 싶다. 그윽한 커피 향 속에 그리움이 묻어나는 풍경을 상상한다. 낭만이라고 하면 사치스러울 테다. 그 낭만에 젖어보고 싶은 햇살 좋은 오후다.
　폭우가 그치고 맑은 공기를 마신다. 심호흡하면서 커피를 내린다. 녹슨 섹스폰의 먼지를 닦아낸다. 방앗간 원동기가 멎었다. 긴 적막이 흐른다. 중참을 들 때쯤 바람 소리, 새소리가 들린다. 지나가는 자전거 소리도 들린다. 쌀겨 먼지가 고요하다.
　방앗간 집 여유처럼 시간을 뭉갠다. 원동기 소리를 기다린다. 하얀 햅쌀을 찧는 방앗간, 쌀겨 가마니에 걸터앉은 사내처럼 시간을 뭉개는 재미가 쏠쏠하다. 빈자리에 앉을 친구가 그리운 계절이다.
　당신을 이 자리에 모시고 싶다. 가을 쌀겨 먼지와 커피 향이 어우러진 이곳으로 초청하고 싶다. 가만히 바라보기만 해도 사랑이라는 것을 알 것이다.

봄마중

 올겨울은 따스한 편이다. 그래서 개구리들이 깨어난다. 그런데 갑자기 추위가 오는 바람에 개구리 울음이 그쳤다. 모든 것은 때와 기한이 있는데 일찍 깨어난 개구리가 놀랐을 것이다. 아마도 경칩이 되는 주말에는 다시 일어날 것이다.
 생강나무에 노랑 꽃들이 피었다. 봄의 향기를 뿌리고 떨어지면 매화가 꽃망울을 터뜨릴 것이다. 햇살이 드는 쪽에는 먼저 꽃이 핀다. 그늘진 쪽에는 멍울져 있다. 그러는 사이에 홍매화가 피고 있다.
 마른 가지를 열고 꽃을 내는 나무들을 마주한다. 얼마나 힘겨웠을까? 향기는 그냥 나오는 게 아니다. 솔가지 사이에 솔 눈이 털북숭이로 솟아나고 있었다.
 나무들은 지난겨울 추위를 걱정했을 것이다. 청매화도 애를 태웠을 것이다. 된서리와 삭풍을 견디며 얼음꽃을 매달았던 시간이 있었다.
 어김없이 봄이 왔다. 코로나19로 온 나라가 술렁인다. 두려움에 휩싸인다. 공포의 그림자가 성큼성큼 짙어지고 있다. 코로나19보다 더 무서운 것이 두려움이다. 두려움이 병이고 스스로 파멸로 가는 것이다.

하나님은 두려움의 하나님이 아니다. 평강의 하나님이다. 지금 우리를 싸고 있는 두려움을 벗어버려야 한다. 우리가 진실로 두려워해야 하는 것은 하나님이시다. 봄마중처럼 하나님을 날마다 마중하는 부활의 삶을 살자.

하나님의 필요

 이동하는 데만 꼬박 일주일이 걸린다. 서부 아프리카 가나에서 부르카니파소의 수도인 와기두구까지 왕복 2,000km다.
 열대우림 지대를 지나 사바나가 이어지고 사하라사막이 나타난다. 사하라사막이 이어지는 지역에 있는 나라다. 하마탄이 시작되었다. 이 건기는 사막의 모래 먼지와 함께 붉은 먼지가 속옷까지 물들일 정도다.
 이곳에도 사람들이 살고 하나님의 구원이 필요하다. 사하라 사막이 넓혀져 가듯 무슬림이 확장되고 있다. 이곳에 하나님의 교회가 서게 되고 하나님의 사람이 필요하다.
 왜 무리를 하면서 이곳에 와야 하는지 계속 묻곤 했다. 이곳에 땅을 밟고 결론을 얻어가고 있다. 그들에게는 내가 필요하기 때문이다. 이곳에 회복해야 할 땅이 있고 구원할 영혼이 있기 때문이다.
 내가 필요한 곳에 하나님이 서게 하신 것이다. 서로의 필요를 채워줄 그런 만남을 기대한다. 당신을 위한 내가 되고 싶다.

제 6 부

보물 쌓기

마음의 언덕	비우기
행복한 자리	사랑과 섬김의 눈
사회적 거리	만남과 이별
있을 자리	디딤대
은혜	마음의 모닥불
속이 훤한 사람	행복할 수 있는 자리
추수를 기다리는 시간	황야의 늑대
사람은 무엇으로	양지와 음지
위로부터 오는 지혜	새벽 파장
선택과 집중	보물 쌓기
자투리	기댈 언덕
에너지	하나님의 아이디어
불법주차	묘약

마음의 언덕

"하늘이 무너져도 솟아날 구멍이 있다."고 했는데 그 구멍을 찾지 못하여 스스로 목숨 끊는 사람들이 늘고 있다. 죽을힘 있으면 그 힘으로 살라고 하지만 절망이 깊고 우울증에 빠진 사람들이 살 힘을 스스로 찾기란 쉽지 않다.

낚시 미끼에 걸려든 물고기 한 마리가 살기 위해 주둥이를 뻐끔거리고 지느러미를 파닥거리는 것을 보면서 산다는 것이 본능인데 왜 죽음에게 가려 하는지, 삶의 이유를 다 알지도 못했는데 죽음을 가까이하다니 우리가 낚싯바늘에 걸린 물고기 한 마리만도 못하다는 말인가 싶다.

희망이 상실된 시대이다. 쥐구멍에 볕 들 날의 희망마저 빼앗겨버려 지금도 수많은 사람이 고통받고 있다. 누군가 붙들어주지 않으면 안 될 사람들이 바로 내 주위에도 있음을 안다.

죽으려는 사람은 반드시 그 사인을 남긴다고 한다. 늘 말버릇으로 "죽으려고 저러나"라는 식으로 흘려보낼 것이 아니다. 함께 아파하고 함께 슬퍼하고 함께 즐거워해야 할 사람들을 찾아야 한다. 눈여겨보아야 하고 귓등으로 흘리지 않아야 한다.

혹시 우리 안에는 죽음이 미소 짓고 있지는 않나. 우리 안에 기쁨과 즐거움, 소망과 행복을 나눌 사람을 찾아야 한다. 지금 바로 곁의 사람과 손을 꼭 잡아보아라. 그리고 서로 기댈 수 있는 마음의 언덕을 보여줘 보자.

  우리의 영원한 도피성, 그대와 나의 영원한 도피성 되신 하나님이 우리 손을 잡고 계신다. 영원한 기댈 언덕이시다. 지금 그분이 손을 잡아 일으키고 계신다.

행복한 자리

행복한 자리에 초대되어 며칠을 지낼 수 있었다. 달리 행복한 자리가 아니라 행복한 사람들이 모여 있기에 행복했다. 아무리 좋은 환경이라도 행복을 느끼지 못하는 사람들이 있다면 거기는 행복한 자리가 될 수 없다.

실은, 진정한 행복은 자유를 누림으로 가능하다. 서로가 서로에 대해 유쾌한 만남이며 속박의 굴레를 벗어나서 맘껏 자유 할 수 있다는 것이 행복임을 알았다. 그렇다고 무질서하고 방종한 것 아니다. 거룩한 무질서였기에 더욱 행복한 자리였다.

'에덴동산'이라는 말은 행복동산, 쾌락동산이라는 말이다. 쾌락이라는 말을 악에게 빼앗겼지만 에덴동산은 처음부터 쾌락동산이다. 우리를 만드신 하나님과 함께 머물며 뼈 중의 뼈요 살 중의 살과 함께 머물기에 유쾌한 곳이다.

진정한 행복은 죄로부터 자유함에 있다. 두려움으로부터의 자유, 고통으로부터의 자유, 죽음으로부터 자유, 탐욕으로부터 자유, 거짓과 위선으로부터의 자유함에 있다. 이 모든 것으로부터 자유하게 하는 것은 바로 진리이다. 진리는 예수님이시다.

이 자유 안에 기쁨이 있고 즐거움과 쾌락이 있다. 행복이 있다. 지금 그대가 선 자리에 이런 행복이 있는지 느껴보라. 혹시 행복하지 않다면 그 자리를 누군가를 위해 조금만 내어주지 않으시려나? 그 빈자리에 쉬어가는 사람이 있게 마련이다.

사회적 거리

 코로나바이러스로 인하여 거리 제한이 생겼다. 2미터다. 사람과 사람의 감염을 막기 위해 최소한의 거리라는 것이다. 사람을 가까이할 수 없는 것이 당연시되었다. 이대로 사회 현상이 어떻게 나타날지 궁금하다.
 나와 너라는 의미가 크다. 친근한 사람의 거리는 12cm라고 했다. 손만 내밀면 잡을 수 있는 거리다. 어떤 위험한 순간에도 손잡아 줄 수 있는 거리다. 힘들고 지쳐있을 때 따스한 손 한 번 잡아주면 힘이 된다. 생각만 해도 든든한 사이다.
 우리라는 말도 얼마나 좋은가. 우리 사이를 물리적으로 계산하면 얼마나 될까? 멀고도 가까울 수 있고 가깝고도 멀 수 있다. 우리 사이에는 무엇이 놓여 있을까? 고무줄처럼 늘어났다가 당겨질 수도 있다. 쇠줄처럼 단단히 연결될 수도 있다. 우리는 결코 분리될 수 없는 것이다. 서로를 지탱해 주는 사이이기 때문이다.
 나와 너, 우리 사이에 사회적 거리를 두라고 한다. 법으로 명령한다. 어둠의 세력이 그렇고 전염병이 그렇고 이해관계가 그렇다. 사상과 이념이 그렇게 부추기고 있다. 불확신과 불신이 그렇다. 미움과 다툼이 그렇다.

그러나 하나님은 성령의 하나 되게 하는 줄로 묶는다. 사랑의 줄로 꽁꽁 묶으라고 하신다. 성령님과의 교통을 막을 수 없다. 하나님과 우리를 분리할 수 없다. 예수님과 우리는 하나다.

있을 자리

고맙다, 고맙다. 참으로 고맙다. 있어야 할 자리에 있어 주는 사람이 고맙다.

섭섭다, 섭섭다. 참으로 섭섭하다. 보여야 할 사람이 보이지 않음에 참으로 섭섭하다.

가을비에 뿌즈즉뿌즈즉 밟히는 낙엽들이 외로워 바람 부는 대로 날아가 쌓인다. 섭섭한 마음이 서러움이 되어서는 안 되겠다. 차라리 나도 저 낙엽들 속에 끼이고 싶다.

사람은 진정 홀로 살 수가 없나 보다.

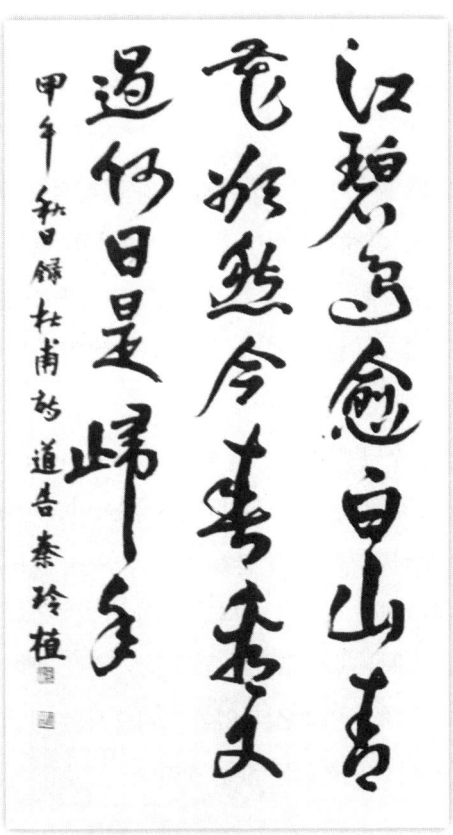

〈강벽조유백〉 두보 시
강물이 짙푸르러 물새가 더욱 희고
산이 푸르러 꽃은 탈것만 같구나
이 봄도 이대로 지나거거니
언제나 고향에 돌아갈꼬

은혜

 잘살아보겠다는 다짐들이 여러 가지 상황들로 뜻대로 되지 않아도 삶으로 버텨내야 한다. 그런 세월이 한 해 두 해 거듭하면서 철이 든다. 세월 이기는 장사가 없다고 어느새 늙어감에 아쉬움만 남는다. 늙어가는 것은 익어가는 것? 욕심 버리고 내려놓는 연습을 계속해야 한다.
 그렇게도 꿈꾸던 미래가 어느 순간 무너져 내리고 절망이라는 벼랑 끝에 서게 된다. 희망을 찾을 수 없는 벼랑 끝이라면 어떻게 될까. 아무리 사치하면서 살았더라도 허무밖엔 뭐가 있으랴.
 삶의 끝자락에서 희망을 본다면 그만큼 다행스러운 일은 없을 것이다. 그래서 행복이란 두 글자를 가슴에 붙이고 사는 것이다. 그 순간 내 의지와 상관없이 다가오시는 희망을 안을 수 있다. 그것이 바로 은혜라고 하는 것이다.

속이 훤한 사람

속이 상한다. 속이 깊다. 속이 편하다. 속이 시원하다. 속이 쓰리다. 다 마음의 표현이다. 이 마음의 말 중 '속이 후련하다'가 가장 마음에 든다. 불편한 마음이 확 뚫어져서 속이 뻥 뚫려버리는 말이다. 열 길 물속은 알아도 한 길 사람 속은 모른다고 했다. 자기 마음을 자기 스스로도 모른다. 그래서인지 마음을 잘 다스리는 사람이 행복하다.

마음은 가지는 것보다 써주는 것이다. 마음 씀씀이가 고마울 때가 있는가 하면 괘씸할 때도 있다. 마음을 맞춰서 찰떡궁합이 되어 결혼하고 부부가 되지만 어느새 마음에 비수가 꽂히고 마음에서 멀어지면 인연이 미련 없이 끝나버리기도 한다.

예전에는 잘하더니 언젠가부터 인색해지면 괜스레 서운하다. 배신감마저 든다. 상실감, 거절감이 한순간에 밀려들면 마음이 쓰나미 당한 폐허 같다. 마음은 언제 변할지 모른다. 그 속을 누가 알겠냐마는 속을 들키는 사람은 그래도 희망이 있다. 속을 들키지 않는 사람은 무서워진다. 속이 훤히 들여다보이는 사람이 좋다. 속이 뻔한 사람이 아니라 속 깊으면서도 시원하게 하는 사람이 좋다. 속을 뒤집는 사람이 아니라 펑 뚫어주는 사람이 좋다. 나는 그런 사람, 당신도 그런 사람이면 좋겠다.

추수를 기다리는 시간

 가을비가 추적추적 내린다. 이 비 그치면 들판에 서리 내릴 날이 가깝다. 농부의 일손은 추수를 마무리해야 한다. 알곡들은 수매할 때 등급이 달라진다. 등급 따라 수매가격도 달라진다. 이것을 알면 모내기부터 대충 함부로 할 수 없는 법이다. 긴 여름 뙤약볕과 장맛비 속에서도 부지런히 살폈어야 한다. 가을 맑은 햇살에 벼 영그는 소리를 마음의 귀로 들을 수 있었어야 한다.
 희망은 그냥 찾아오는 것이 아니다. 씨 뿌리는 데부터 시작해서 어느 한순간도 게을리하지 않을 때 비로소 희망이 완성된다. 막연히 희망을 기다리는 것은 요행을 기다리는 사행심이 되어버린다. 희망을 희망 되게 하는 정성이 없으면 희망의 주인공이 될 수 없다.
 살아있는 동안은 추수를 기다리는 시간이다. 아직 남아있는 기회다. 아직은 영그는 중이다. 희망이다.

사람은 무엇으로

　어린아이들은 사랑을 먹고 산다. 소년들은 꿈을 먹고 산다. 그렇다면 어른들은 무엇으로 사는가? 희망을 먹고 산다. 그래서 사람은 떡으로만 살 수 없다. 돈으로 산다고 하면서 열심히 돈을 벌려 애쓰지만 결국 돈 때문에 죽는 사람들이 허다하다.

　행복은 손에 잡힐듯하면서도 쉬이 잡히지 않는다. 사랑이 고프고 꿈이 고프고 희망이 고파 행복이 가까이 오지 않는다. 사람들은 허기진 채로 늘 자신을 움켜쥐고 산다. 몸부림치며 산다. 허기진 짐승이 먹이 사냥에 한 번 성공했다 해도 돌아서면 배가 고파진다.

　촛불을 들고 횃불을 들고 태극기를 흔들고 백만 송이 장미꽃을 흔들어대도 허기진 세상을 채울 수는 없다. 행복이 여기 있다 저기 있다 해도 미혹되지 말라는 말을 하고 싶다.

　큰소리치는 사람일수록 허기를 채워주지 못하더라. 사람들은 더욱 실망하게 되고 슬퍼하다가 탄식한다. 스스로 파괴적이며 본능대로 살아간다. 부정적인 생각들로 가득해지면 지금까지 겨우 이루어놓은 것들도 다 망쳐버리고 망가뜨리게 된다.

　사람은 무엇으로 사는가? 생각해 본 적 있는가?

위로부터 오는 지혜

 사람은 어제에 매여서만은 살 수 없다. 내일의 희망이 있으니까. 태풍이 지나간 자리에 다시 생명이 자라고 쓰나미가 지나가도 새로운 생명이 꼬물거린다. 화산재 뒤덮이고서도 새로운 삶의 터전이 시작된다. 희망이 있는 곳에는 생명이 반드시 존재하는 법이다.
 오늘을 사는 지혜는 위로부터 주어지는 것이다. 더 이상 땅의 것을 찾으려고 고갤 숙이지 말고 하늘을 올려다보면서 꼿꼿이 나아가야 하지 않겠나. 거기에 행복이 있다. 참행복은 거기서 내려오는 것이다.

선택과 집중

 무엇을 해낸다는 것은 대충해서는 되지 않는다. 무엇을 하기까지 수많은 것들 중에 선택을 해야 한다. 수많은 주제와 아이디어와 방법들이 있지만, 선택은 자기가 직접 하는 것이다. 무성한 소문에 휘둘려서도 안 되고 약삭빠른 계산에 능해도 안 된다. 더구나 쉽게 달려들었다가는 낭패를 보기 쉽다. 선택은 쉽지 않다.

 일단 선택과 결정이 끝나면 집중해야 한다. 한눈을 팔면 전혀 엉뚱한 결과를 가져올 수 있다. 게을리하면 그르치게 된다. 너무 열심히 대들다가도 망가뜨리기 쉽다. 대충 얼버무리면 조잡한 결과물이 생겨난다.

 선택과 집중은 무슨 일에든 적용될 수 있다. 한순간도, 지극히 작은 일에도 신경을 써야 한다. 돋보기가 아무리 좋은 것이어도 초점을 맞추지 못하면 흐려지게 되고 에너지가 나지 않는다. 초등학생이 과학실에서 진지하게 실험하듯 성공을 기대하는 사람은 실험정신으로 초집중을 해야 하는 법이다.

자투리

　잠시 자투리의 여유를 즐길 수 있어도 행복할 것이다. 서두르는 사람들에겐 여유가 없다. 과하든지 스트레스가 쌓이면 몸이 망가진다. 생활리듬도 깨어지고 관계도 깨어지게 된다. 반복되면 아무리 열심히 부지런히 살았다 해도 깨어진 인생이 되고 만다.
　여름엔 바닷가를 한 번이라도 찾아보자. 가을엔 산행이라도 한 번 해보자. 가까운 서점에 들러 책 한 권 사는 여유도 부려보자. 뭔가 자기를 위한 여행이나 준비를 하다 보면 오히려 남들보다 한 걸음 앞서 살게 될 것이다.
　투정 부리거나 원망하다 보면 쉬는 자리에서 쉴 수 없다. 즐거워야 할 산행이 인생이 원망스러워 다음 날 일어나는 것이 고역이 된다면 정작 피해 보는 인생이 되고 만다. 원망 불평에 시간을 허비하지 말고 그저 자투리의 마음으로 부지런하게만 살아보자.

에너지

모든 사물에는 에너지가 있다. 살아있는 생명체는 에너지가 필요하다. 세상은 에너지 전쟁이다. 에너지 자원을 얼마나 확보하느냐 따라 빈부가 나눠진다. 보다 더 많은 에너지를 누리는 것이 행복이라고 생각하기 때문이다.

눈에 보이는 에너지보다 보이지 않는 에너지가 크다. 만져지는 에너지보다 느껴지는 에너지가 생명력을 더 준다. 그래서 사람들은 에너지를 발산하기 위해 자기 계발을 한다.

사랑받을 때 에너지가 생긴다고 한다. 그러나 사랑할 때 에너지가 훨씬 더 강하다. 사랑과 섬김은 에너지를 공급하고 에너지를 솟아나게도 한다.

하나님의 사랑이 예수 그리스도로 이 땅에 임했을 때 그 사랑의 에너지가 온 세상을 구원하였다.

사랑받기를 원한다면 먼저 다가가서 사랑을 표현해 보자. 시동을 걸면 쇳덩어리 자동차가 굴러가고 비행기가 날아가듯이 에너지는 사람을 살게 한다.

열매가 영그는 가을이다. 에너지의 원천을 찾아보자. 단절된 이웃을 회복하자. 우리는 에너지를 충전하자. 섬김과 사랑으로.

불법주차

그리 늦지도 않는 저녁이었다. 하루를 정리하는 마음으로 목욕탕엘 갔다. 주차장은 만원이었고 주차할 곳이 마땅치 않았다. 이리저리 두리번거리다 도로 한켠에 얌전하게 차를 붙여 세웠다.

이런저런 흐트러진 생각을 정리하면서 찬물 더운물 한방옥사우나 도크를 옮겨 다니면서 즐겁게 목욕을 했다. 피곤에 절어 충혈된 눈 빼고는 몸이 가뿐해졌다.

한 시간도 채 못돼 목욕탕을 나섰다. 그렇게도 막혔던 길이 훤했다. 그런데 내 자동차가 보이지 않았다. 불과 조금 전의 주차 기억을 더듬으며 헤맸으나 차가 사라진 것이 확실했다. 길가 인도 가장자리에 〈견인차량안내지〉라는 종잇장이 청테이프에 짓눌려 파닥거리고 있었다. 꼭 깨어진 어항을 빠져나온 금붕어마냥 바람에 파닥거렸다.

씩씩거리며 택시를 타고 어둑한 견인차량 수집소를 찾아갔다. 늙수그레한 택시운전수가 2만9천원을 내라고 하더니 영수증을 하나 끊어주고는 대꾸도 없이 떠나가 버렸다.

왜 남의 차를 마음대로 끌고 왔냐고 했지만 대답하는 이가 아무도 없었다. 한 달 내로 사만 원의 과태료가 부과된 차량이라는 〈과태료부과차량 안내〉가 윈도브러쉬에 끼어 있었다.

생각해 보면 우리 삶에 불법이 허다하다. 아무 일 없는 것처럼 안전한 불법도 난무하다. 당신은 지금 어디에 있는가. 혹시 불법 주정차 지역에 당신 차가 서 있지 않는가. 불법 삶의 시간과 공간에 들어있지는 않나. 견인되기 전에 떠나는 것이 좋겠다. 차를 찾아오는 데 걸리는 시간과 비용도 만만치 않지만 삶을 다시 찾아오기란 쉽지 않을 테니까.

비우기

풍성한 것을 누리고 남은 것이 많으면서도 내일을 염려한다. 모순이다. 아이러니다. 내일은 내일이 염려할 것인데 내일을 기다리는 내가 더 안달이다. 돌파구를 찾는다는 것이 폭력이 되고 도피가 되어버린다.

주머니 뒤집듯이 한번 뒤집어 보는 것은 어떤가. 더 나은 내일이 기다릴 것이다. 툴툴 털어버리고 나면 새것으로 다가올 것이다. 내일은 내일이 만들어가는 것이다.

결국 나를 비우는 일이다. 버리는 일이다. 나이 들수록 버리기를 잘하는 사람이 평안한 삶을 살 것이다. 가지고 욕심부릴 때와 다른, 이전에 알지 못했던 평안이 스며들 것이다.

사랑과 섬김의 눈

감성시대다. 감각경영, 감성정치. 사람들의 마음을 읽어 터치해주면 성공한다고 한다. 한마디로 감동을 주어야 하는 세상이다. 사람의 마음을 알아주고 품어주어야 하는데 그 마음이란 것이 마음대로 되지 않아 마음이 답답하다.

일 중심의 사회에서 일 잘하는 사람, 능력자가 인정받고 성공하는 세상이다. 그런데도 사람들은 자기 마음을 알아달라는 것이다. 라이프 스타일이 일 중심인 사람과 관계 중심인 사람 사이에서 나타나는 기질 차이를 얼마나 이해하고 용납해주느냐는 것이다. 상대방의 눈높이에서 한 번만 더 바라봐준다면 모든 것이 풀어질 수 있는데도 지나친 자기중심, 목적 지향적이라면 관계는 뒤틀리고 만다.

이러쿵저러쿵 문제와 사연들은 만들어질 수 있겠지만 중요한 것은 섬김의 눈으로 바라보는 것이다. 아무리 옳은 것이라도 편 가르기 하거나 공동체를 어렵게 하고 깨뜨린다면 옳지 않다. 지나치게 자기 의를 주장하다 보면 자기 허물을 볼 수 없다. 자기 의에 세뇌되어버리면 병적인 현상을 내보이게 된다. 어디서든 사랑과 섬김의 눈으로 바라보자. 사람은 사랑의 대상이라고 했다. 약점을 장점으로 바꿀 수 있는 마음 씀씀이가 필요하다.

만남과 이별

 산다는 것은 만남과 이별의 연속이다. 누구를 만나고 누구와 헤어지느냐가 그 사람의 삶이 된다. 오늘 누구를 만나느냐에 따라 인생이 결정되기도 한다. 굉장히 중요한 사건이다.
 만남만큼 중요한 것이 또한 이별이다. 만남도 의미 있지만, 이별은 더 큰 의미를 남긴다. 부정적 헤어짐도 있지만, 오히려 더 큰 기쁨의 헤어짐도 있는 것이다. 그것은 그리움을 낳기 때문이다.
 짧은 만남, 긴 이별 속에 사랑과 섬김이 있으면, 그리움이 남아있으면 그냥 행복이라고 할 수 있다.

디딤대

　루스드라의 앉은뱅이에게는 구원받을 만한 믿음이 있었다. 사도 바울은 그의 믿음을 보았던 것이다. 일어서라고 했을 때 앉은뱅이는 용수철처럼 일어났다. 성경에서는 jumped up이라고 표현한다. 한 번도 일어나보지 못했던 앉은뱅이였지만 사도 바울의 말에 튀어 일어났던 것이다.

　세계챔피언 양학선 선수가 있다. 가난하다 못해 농가 비닐하우스에서 자란 소년이 체조선수가 되었다. 올림픽에서 금메달을 땄다. 그때 점프하여 공중회전하던 모습이 눈에 선하다. 양학선 기술이라고까지 이름 붙이게 되었다.

　아무리 양학선 선수라 할지라도 점프업하기까지는 많은 훈련이 있었다. 자기 의지와 신념 그리고 목표가 분명했을 것이다. 그러나 신기술을 가능하게 한 것은 디딤대였다. 디딤대를 힘차게 밟고 뛰어올랐을 때 양학선 기술이 탄생한 것이다.

　보다 높이, 보다 멀리, 보다 넓게 뛰는 것도 대단한 일이지만 도움닫기 할 수 있는 디딤대가 필요하다. 자기 인생의 디딤대, 우리 모두의 디딤대를 만나면 우리도 최고가 되는 것이다.

마음의 모닥불

매일매일 새해 첫날로 살 수 있었으면 하는데 한해의 마지막이 돼버렸다. 신문을 보니 〈해맞이〉에 대한 소식이 있었다. 새해 해맞이. 그 해는 언제나 매일 그곳에서 떠오르는데 사람들은 왜 특별한 날로 만들까.

매일을 특별한 날로 정하고 기념하면서 살면 매일매일 희망을 가질 수 있다. 기울어지는 해를 결코 붙잡아 둘 수는 없다. 지금 지는 해를 바라보고 있지만, 그 해는 이미 8분 전에도 있던 해라는 것을 아는 사람은 몇이나 될까.

그리고 보니 모든 것은 과거뿐이고 미래마저도 과거일 뿐이다. 하루, 한 달, 한해라는 시간을 사는 것이 아니라 영원한 미래를 살고 있다. 그러나 내일을 소망한다면 어두운 밤이 지나고 다음 날 아침에 밝게 피어오르는 해를 기다릴 수 있는 것이다.

저무는 해는 다음 날 새해로 솟아오른다. 그것도 모르고 절망하고 심지어 두려워하기도 한다. 알고 있다고? 알면 뭐 할까? 느끼지 못하는데. 소유하지 못하는데, 누리지 못하는데.

마음에 모닥불을 지펴보라. 불씨가 필요하다고? 내 안에 모닥불이 있다. 아직은 살아있는 불씨들이다. 그대 안에 슬픔과 고통과 화를 태워버릴 수 있다고 자부한다.

행복할 수 있는 자리

사랑하는 사람을 만나면 오랫동안 함께 있고 싶어 한다. 미운 사람을 만나면 빨리 떠나려고 한다. 어떤 사람을 만나면 시간 가는 줄 모르는가 하면 어떤 사람을 만나면 시계만 자꾸 쳐다보게 된다.

머물 곳에 머무는 사람을 만나면 아름답다. 머물지 말아야 할 곳에 머물러 있는 사람은 보면 추해 보인다. 있어야 할 곳에 있는 사람을 보면 책임감이 있어 보이고 신뢰가 간다. 그런데 있어야 할 곳에 없으면 얄미운 사람이 된다.

가을 낙엽 지는 길에 바바리코트 깃을 세우고 혼자 걷는 사람을 보면 시인 같다는 생각을 한다. 그러나 한여름에 바바리 입고 다니는 사람을 보면 광인 같다는 생각이 든다.

어제도 늦은 시간에 함께 있어 줌으로 행복할 수 있는 사람을 만났다. 별 도움이 되지 않아도 그저 함께 있어 줌으로 참 좋았다. 큰소리치며 일하다가 떠들며 떠나간 자리보다도 그저 함께 있어 줌으로 행복할 수 있는 자리가 되고 싶다.

황야의 늑대

대학 시절 헤르만 헤세를 좋아했다. 그때 외운 문장이 지금도 생각난다. "황야의 늑대인 나는 줄곧 달렸다. 나는 사슴을 이다지도 그리워한다. 너 부드러운 허벅살에 머리를 처박고 연붉은 피를 흥건히 마시고 밤새도록 외로이 울부짖을 것을. 토끼라도 좋다. 밤에 맛보는 따스한 토끼고기의 맛이라니."

선거 결과를 보면서 나는 황야의 늑대를 떠올리게 되었다. 사슴고기를 찾아 밤이 맞도록 헤매던 늑대 한 마리가 이제는 토끼라도 좋다고 한다. 사슴을 쫓다가 그것도 아니면 작은 토끼라도 움켜야만 하는 본능이다.

선거 또한 이성이나 미래보다는 단 하루의 본능에 충실했나 보다. 작은 토끼라도 안 되면 쥐새끼라도 잡아먹어 피의 맛을 보아야 하는가. 허기진 배를 채우면 되는가. 더 이상 늑대이기를 포기하고 차라리 쥐새끼 한 마리라도 배를 채우고자 하는 고양이가 된다.

민주주의란 견제와 균형 속에서 발전하게 된다. 시민사회는 그래야 건강해진다. 국가의 부는 쌓이게 된다. 자유민주주의는 더욱 그렇다. 자유를 포기하고 평등을 우선하는 사회는 결국 경쟁력을 잃게 된다. 역사의 흔적들이 증명하고 있다.

이번 선거는 자유와 민주주의 실종이다. 본능에 충실했다는 증거다. 전체주의 내지는 사회주의의 이상을 본 것이다. 마스크 배급이 주는 효과와 교훈이다. 죽음의 그림자를 두려워하는 본능이 자유민주주의 경쟁력마저 삼켜버렸다. 정치 바이러스에 모두 감염된 것이다. 중앙정부, 지방정부, 교육, 지방의회, 국회까지 그렇다.

누구를 지지하고 어떤 정당을 지지하는지 따지자는 게 아니다. 예수를 잘못 전하고 복음을 잘못 가르친 자신을 심문하는 것이다. 과연 자랑스러운 조국을 물려줄 수 있겠는가? 그럴지라도 내 조국이 잘되기를 기도한다. 하나님께서 포기하지 않으시는 내 조국이기를 간절히 기도한다.

양지와 음지

 음지에 눈이 쌓여 있다. 양지바른 곳에는 지난주에 내린 폭설이 다 녹았다. 같은 하늘 아래지만 음지와 양지는 너무도 차이가 난다.
 이렇듯 사람에게도 음지가 있고 양지가 있다. 한 사람의 마음속에 양지바른 곳이 있다. 따스하고 밝은 면이 있다. 그러나 음지는 얼어붙은 마음 한구석일 것이다. 들어낼 수 없는 차갑고 어두운 마음일 수 있다.
 습관처럼 어두운 쪽으로 숨어버리고 싶은 마음이 있다. 자신을 보호하려는 원초적인 심리일 수도 있다. 숨으면 숨을수록 그늘이 짙어진다. 양지로 나오지 못하는 자신 없는 자기표현일 수도 있다. 디오게네스처럼 그림자가 지지 않도록 비켜서라고 요구할 황제도 없다. 스스로 그늘 속에서 벗어나려는 의지와 자기표현이 필요한 것이다. 음지에서 웅크리고 떨며 위축되지 말고 당당히 양지로 나와야 한다. 변화를 위한 자신을 통제하는 용기가 필요한 것이다.
 여전히 하늘과 땅이 존재하고 나와 너, 그리고 우리가 있다. 노력하지 않아도 따사로운 햇볕이 그대를 어루만질 때, 그 양지에 대한 기쁨과 감사를 드리자.

새벽 파장

조찬 모임을 마치고 역전 시장을 갔다. 울산역이 있을 때는 북적거리던 도매시장이었다. 그러고 보니 세월이 많이 지났다. 오래된 시장이나 골목으로 가보면 시간의 흐름을 느낄 수 있다.

새벽시장은 경매가를 마치고 나면 파장 무렵이 된다. 노점상들이 새벽에 번개 장사를 한다. 먹거리에서 생필품까지 만물상이 된다.

모자를 눌러쓴 중년 남자가 상품을 진열해 놓았다. 파장 전에 하나라도 팔려는 눈짓으로 좌판을 보고 있었다. 사람들은 분주하게 지나간다. 젊은 새댁이 전대 같은 가방에서 뭔가를 건네주었다. 아마 저금통장인 것 같았다.

노점상 남자는 그 통장을 펼치고 숫자를 헤아리는 것이었다. 그 모습이 누군가에게 들킨 줄도 모르고 뭔가 궁리하는 것 같았다. 새벽잠을 설치고 나온 벌이가 신통치 않은지 얼굴빛이 어두웠다.

그의 마음은 무슨 생각을 했을까? 새벽처럼 뿌연 희망을 붙들고 통장금액을 보았을까? 힘겨운 인생의 마루턱을 잘 넘어가기를 바라는 마음이 간절했다. 파장의 아침이 졸음을 떨구며 밝아온다. 바쁘게 수레를 끄는 발길들이 오간다.

보물 쌓기

보물섬을 찾기 위해 지도를 따라갔던 일은 인디아나 존스에서나 나오는 상상력이다. 위험이 도사리고 있는 것을 알면서 보물을 찾아가는 것은 대단하다. 탐험가의 열정도 있겠지만 사람은 탐욕 때문에 자신을 망치게 한다.

어떤 사람들은 광맥을 찾아 나서기도 한다. 땅속 수백 미터가 되는 곳에 숨어있는 것을 찾는다는 것은 도박이나 다름없다. 한탕주의에 집중하면 중요한 것들을 잃어버릴 수 있다.

심해에 좌초된 옛 상선들이나 패전한 왕의 전투함을 찾기 위해 온갖 과학 장비까지 동원하고 있다. 지질학과 기후를 연구하기도 한다. 물의 흐름을 관찰하기도 한다. 전문인의 도움을 받기도 한다.

찬란했던 왕국의 보물들은 다 어디에 있을까? 심지어 사원의 돌을 금으로 싸기도 했다고 한다. 약탈해 간 보물들은 다 어디다 숨겨놓았을까? 박물관 비밀금고에 있는 보물들은 얼마나 될까?

하다못해 로또라도 당첨되면 보물 중의 보물이다. 싶어서 재미 삼아 예측하는 심심풀이를 기대하기도 한다. 욕망은 누구나 가지고 있다.

지금까지 움켜쥐고 살아온 손을 보라. 아무리 봐도 빈손이다. 무엇을 잡으려고 분주하게 가는가. 지금 집고 있는 소중한 것을 놓치고 있는 것은 아닌가. 이래저래 두 손을 움켜쥐고 있어도 결국은 빈손일 뿐이다.

과연 보물은 어디에 있는가? 진정한 보물은 마음에 있다. 쌓은 선에서 선을 내고 악에서 악을 내는 것이다. 마음에 보물이신 그리스도를 모신다면 하늘의 보물을 가진 자이다. 보물찾기가 아니라 보물 쌓기를 해야 한다.

기댈 언덕

국회의원 선거가 끝났다. 당락에 따라 희비가 엇갈렸다. "잘됐다"라는 사람이 있는가 하면 걱정하는 사람들도 있다. 정치가 희망을 주리라고 생각하는 사람에게 한 마디 덧붙이고 싶다. 그 희망이 얼마나 갈 것 같은가. 희망에 속으면서도 이번에는 다르겠지. 하는 바람을 걸어본다.

행복한 사람은 기댈 언덕이 있는 사람이다. 내게서 가장 큰 슬픔은 기댈 언덕이 무너져 내리는 것이다. 또다시 기댈 언덕을 찾는 모습을 발견한다.

때로는 기댈 언덕이 아닌데도 왜 기대는지 알 수 없다. 무너져 내리면 또 아플 텐데 왜 기대고 있는지 이상하다.

무너지지 않는 언덕은 어디에 있을까? 그것이 믿음인데 믿음이 그리 쉽지 않다. 노력해도 속내는 믿어지지 않는 불안이 있다.

무너지지 않는 언덕에 왜 기대려고 하지 않는가. 그것이 사람의 타락된 마음일까? 그러나 내게는 기댈 언덕이 아니라 받쳐주는 언덕이 있다. 나의 언덕이 되시는 예수님! 내가 쓰러지지 않도록 받쳐주는 유일한 언덕이 되신다.

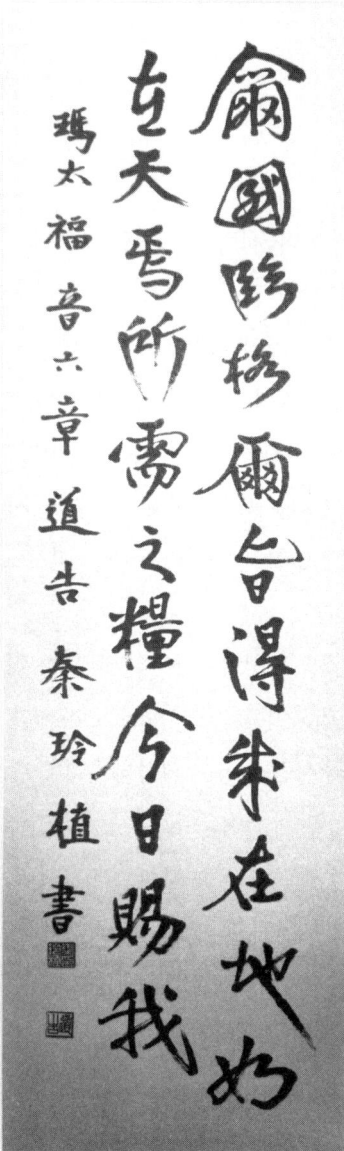

마태복음 6:10~12
(한중서예교류전 출품작)

그 나라를 오게 하여 주시며, 그 뜻을
하늘에서 이루심 같이, 땅에서도
이루어 주십시오.
오늘 우리에게 필요한 양식을 내려
주시고, 우리가 우리에게 죄 지은
사람을 용서하여 준 것 같이 우리의
죄를 용서하여 주시고

하나님의 아이디어

　사랑하면 아이디어가 생긴다고 했다. 사랑하는 사람을 위해서 무엇을 해야 할까? 어떻게 해야 할까? 고민하게 된다. 사랑하는 사람의 필요를 생각하게 된다. 나를 희생해서라도 그 사람이 좋아하는 일을 하려고 한다. 가장 소중한 것이라도 내어드리려고 한다.
　꼭 사람이 아니라도 사랑하는 그 무엇을 위하여 자신을 희생하려 한다. 사랑은 눈이 멀게도 하고 이성을 잃어버리게도 한다. 사랑의 가치를 모르는 사람은 미쳤다고 한다. 그러나 사랑은 미치도록 매력이 있다.
　하나님은 전능자지만 우리의 필요를 찾으신다. 사람에게 가장 중요한 것이 사랑임을 아신다. 그리하여 속성인 사랑으로 오셨다. 바로 예수님의 탄생이다. 전능자의 사람을 향한 결정체이시다.
　예수님의 사랑은 꿀송이보다 더 달게 스며든다. 그 사랑의 맛에 취하면 사람의 이성을 놓아버리고 보이지 않는 보석을 바라본다. 예수님의 사랑은 두려움과 고통을 넘어 죽음의 공포도 넘어선다.
　전능자의 아이디어로 나타나신 예수님은 우리 속에 똑같은 사랑을 심어놓으신다. 우리도 사랑하면 아이디어가 생긴다. 아버지의 마음, 예수님의 심장이 되어 사랑을 꺼내 보여줄 수 있다.
　사랑하는 이를 위하여 아이디어를 개발해야 할 때이다.

묘약

　사랑과 감사, 이 두 마디는 자신의 상처를 치유하는 묘약이다. 이웃을 치유하는 가장 효과적인 묘약이다. 사랑한다는 말 한마디에 마음속 얼음이 녹아내린다. 감사한다는 말 한마디에 깨어진 관계가 회복된다. 기쁨이 샘솟는다.

　알면서도 말하지 못하는 것은 왜일까? 체면 때문인가. 자존심 때문인가. 숫기 없어서, 표현력이 부족해서? 하지만 꼭 말로 하지 않아도 마음에 사랑과 감사가 있다면 어떻게든 표현이 될 것이다.

　사랑하면 아이디어가 생긴다. 감사가 따라온다. 감사에 인색한 사람이 성공하는 법은 없다. 남들은 성공했다고 인정해 주어도 정작 자신은 성공의 맛을 보지 못한다. 감사 없는 성공이 쌓인들 자기와 무관한 성공이 되어버리고 만다.

　바위틈 잡목 숲에 철모르는 진달래가 피었다. 추위에 새파랗게 질려 있는 것처럼 보이지만 대견스럽기만 하다. 얼마나 놀라운지 모른다. 내게 보이기 위해 꽃이 핀 것 같아 그냥 감사가 터지고 말았다.

작가의 말

씨앗을 뿌리고 김을 매는 글농부의 마음이었습니다.
가을 들녘을 바라보는 소박한 소망으로
부끄럽지만 속내의 이야기를 모아보았습니다.

또 다른 봄을 기다리는
누군가의 타는 목마름을 달래는 한 모금이 되길 바라며
책의 쓰나미 시대에 채워지지도 않은 물 한 병을 띄워 보냅니다.

다시 사랑으로 나아갈 시간의 주인께
감사와 영광을 올려드립니다.

2023년 4월 월천에서

道告 **진영식**

또 다른 봄을 기다리며

발 행 일 | 2023년 4월 3일
2쇄발행 | 2024년 7월 29일
글 쓴 이 | 진영식
펴 낸 곳 | 에디아
주　　소 | 04557 서울시 중구 퇴계로37길 14 기종빌딩 6층
전　　화 | 02-2263-6321
팩　　스 | 02-2263-6322
등록번호 | 제1996-000115호(1996.7.30)

ISBN • 978-89-87977-48-5 03810

*값은 뒤표지에 있습니다.